OPINAR CON SENTIDO

OPINAR CON SENTIDO

Jesús Sánchez-Ajofrín Reverte

Número de Control de la Biblioteca del Congreso de EE. UU.:   2012912410
ISBN: Tapa Blanda   978-1-4633-1806-2
                  Libro Electrónico   978-1-4633-1807-9

Este libro fue impreso en España.

Para pedidos de copias adicionales de este libro, por favor contactenos en:
Palibrio
1663 Liberty Drive
Suite 200
Bloomington, IN 47403
Llamadas desde España 900.866.949
Llamadas desde los EE.UU. 877.407.5847
Llamadas internacionales +1.812.671.9757
Fax: +1.812.355.1576
ventas@palibrio.com
419052

INDICE

A mi madre con todo cariño, por alentarme en todo momento a escribir.

HUELGA GENERAL DESCAFEINADA

El pasado día 29 de septiembre, el gobierno y los sindicatos españoles, amañaron una huelga descafeinada. Para los que poco entienden de que el café se toma: corto, amargo, fuerte y escaso, les diremos que lo demás, son sucedáneos del original.

Por lo tanto, huelga descafeinada, por no cumplirse que:

Corto: Debió ser el periodo de reacción, desde que se produjeron los motivos de la huelga.

Amargo: Como deben de ser los enfrentamientos con los poderes y las medidas establecidas.

Fuerte: Protesta contundente, sin dar mucho margen para la reacción.

Escaso: Sin "bombo y platillo", anunciándolo cada telediario.

Perro ladrador, poco mordedor. El pueblo, por mucho que los sindicalistas y políticos se empeñen, saben de sus maniobras orquestadas en la oscuridad.

¡Señores!, los resultados de esta huelga, deberán ser valorados como eficientes, si lo que se reivindica, se consigue.

Octubre 2, Albacete 2010

ESTUPEFACTOS

Sí, estupefactos. Las formaciones políticas navegan dentro de su propia estratosfera.

Los españolitos de a pie, avanzamos y nos movemos en otras capas más bajas y arraigadas a tierra, como por ejemplo: los helechos.

Al grano: Es hora de convocar los grandes consejos de sabios políticos, para anunciar qué medidas han de tomar para seguir pilotando la nave por esas alturas. Dado lo bien que les funciona, parece ser, que aún quieren distanciarse más de nosotros.

Para poder vivir en la estratosfera, congelan y modifican las pensiones, sueldos y todo tipo de avances sociales. Acaban con la economía. Dejan en paro a millones de personas, sin discriminación entre edades de población. Suben el precio de los servicios básicos: electricidad, gas, aguas. Inventan un sistema de traducción simultánea en el Senado, posiblemente para comunicarse desde otras frecuencias del espacio, etcétera.

Para qué seguir.

No quiero documentarme más, para decirles que:

Después de todo esto, tienen la caradura de hacernos ver por la tele y demás medios de comunicación, esos congresos en masa, donde todos los varones se abrazan, piropean y se emocionan por los logros conseguidos, mientras todos los participantes del congreso regulador aplauden y aplauden.

La realidad, parece otra. Pero ellos, como viajan por la estratosfera, no lo ven, están a mucha altura.

Creo que hay que bajar a la tierra y regar los helechos. No les parece.

Por cierto, conforme se alejan de la tierra, la gravedad va siendo menor. La nuestra, va siendo mayor.

Febrero 6, Albacete 2011

LA FAMILIA

En la escala de valores que vamos incluyendo en nuestro navegador de abordo, yo me inclino por la familia. Al margen de la unión consanguínea (que ya une bastante), el esmero con el que la cuidemos, será el resultado de construir los pilares más enriquecedores del género humano en la sociedad.

La satisfacción que experimentamos cuando la familia esta conectada entre sí, se puede comparar por ejemplo: al de las neuronas que habitan en nuestro cerebro y que, unidas por millones de conexiones (sinapsis), son capaces de mantener el rumbo tomado por la consciencia y seguir la carta de navegación. También podemos compararla con las conexiones entre cualquier unidad de control de procesos, conectadas a las redes informáticas globales (Internet, etc.). Estas uniones demuestran el potencial de lo que son capaces.

Cualquier problema experimentado en uno de los componentes de la familia, y eso sí, después de haberlo expuesto en los distintos ámbitos sociales de nuestra confianza, como: los amigos, compañeros de trabajo, vecinos, etc. (digo esto, porque a veces la familia es la última en enterarse). Si estos problemas compartidos con distintos entornos de amistad, no encuentran solución, es cuando debe entrar a solucionarlos la familia. Cuando esa familia está unida en una escala razonable, el problema, por mucho calado que presente, la familia unida es "la herramienta" que vencerá el problema de una manera fulgurante.

Sobre este tema se habrán escrito ríos de tinta, porque la familia es uno de los pilares fundamentales de, ya no de la sociedad, sino de la humanidad, y por lo tanto debería de concienciarse en los niveles correspondientes (unidades familiares, colegios, institutos, universidades, etc.), del valor intrínseco de la misma.

Ya se sabe, que el ritmo de la sociedad actual, impide dedicar tiempo a tareas tan fundamentales como cuidar a la familia, es cuestión de buscárselo.

Febrero 14, Albacete 2011

EL CULTO AL DINERO

Nueva Rumasa anuncia problemas financieros y de capital. A esta familia, componentes de los consejos de administración de varias empresas que integran el grupo Nueva Rumasa, les llega el momento de mostrar sus cuentas, con el fin de que sus acreedores: bancos, seguridad social, hacienda, etc., vean garantías de continuidad.

El señor Mateos siempre demostró su capacidad de hacer negocio, lo que no se ha demostrado todavía es, si en alguna de sus acciones empresariales -va a terminar, o continuar- de una manera menos escandalosa.

El culto al dinero puede estar bien si en el desarrollo del mismo, no se juega con la ventaja de desplumar a inversores confiados, que en su momento vieron posibilidades, a través de las campañas agresivas, emitidas por los medios de comunicación. Está bien, esto es un juego para capitalizarse y seguir ganando dinero, tanto emisores como inversores, pero algo huele mal en esta estrategia.

Esperemos que sea viable la continuidad del grupo Nueva Rumasa, por el bien del grupo, sus inversores y del país.

Febrero 20, Albacete 2011

EL ESTADO DEL BIENESTAR

Para volver al estado del bienestar, hay que provocar el estado del malestar. Malestar en los cimientos de la clase trabajadora; que ya se ha ocupado el gobierno actual en desarrollarlos, para que éste se produzca. Me refiero a los recortes sociales en el ámbito socio-laboral, que han hecho involucionar los avances, después de largos años de lucha obrera. La explotación existe desde siglos, y si se retrocede, harán falta más siglos para volver a recuperarla. Para generar un estado del bienestar, los especuladores del dinero, necesitan décadas para poder enriquecerse lo suficiente, y poder así, dar las migajas a la clase trabajadora, y de esta manera hacerles ver que pueden alcanzar algunos estados de bienestar, (por cierto, falsos). Esto es lo que se ha hecho desde gobierno y sindicatos.

El retroceso producido en el ámbito socio-laboral, es inaudito, es vejatorio. Si Carlos Marx levantara la cabeza, no dudaría en crear una nueva revolución contra estas corrientes socialistas, de tres al cuarto, en especial en España.

Si el cambio, viene dado, al aplicar los sistemas obsoletos que usan los gobiernos, (como aquellos que utilizan los metcorólogos), es hora de reciclar a nuestros políticos y enviarlos a aprender al campo, que es donde mejor se aprecian los meteoros.

Febrero 20, Albacete 2011

ENCEFALOGRAMA PLANO

Cuando muere la actividad cerebral, los ritmos que se detectan en el sistema aplicado en medicina, nos dice que el encefalograma es plano.

Ciertos valores sociales demuestran lo mismo: poca o ninguna actividad. Entendamos como valores sociales: amor, cooperación, dignidad, fraternidad, honestidad, honradez, igualdad, libertad, paz, respeto, responsabilidad, sinceridad, solidaridad.

Muchos de estos valores, no encajan dentro del cambio social actual, y no tienen campo de aplicación porque se anteponen otro tipo de actitudes antisociales: Mentir, estafar, irresponsabilidad consciente, agresividad, despreocupación, falta de remordimiento y consideración, violación de los derechos de los demás, etc.

No me gusta ser fatalista, pero alguna medida habrá que tomar para que no proliferen estas actitudes antisociales.

Naturalmente deberíamos empezar desde la raíz: la educación. Dado que existen órganos gubernativos de control, sería razonable aplicar un buen sistema educativo, aunque en el esfuerzo se cierren o corrijan algunas rendijas constitucionales que en su edificación no fueron replanteadas. No tengamos miedo a la disciplina en los aspectos más fundamentales para la consecución de nuestros cimientos sociales.

Febrero 22, Albacete 2011

EL MALTRECHO CIUDADANO

Estaba yo pensando, que si esto de los recortes por parte de los que están en el poder, no será una maldición divina.

Muy mal nos hemos de haber portado como ciudadanos, porque nos han recortado hasta el límite de velocidad permitido a 110 km/hora. En Francia y Alemania está a 130 km/hora en autopistas y autovías (recomendable). La monda. Eso sí, tenemos y somos el ejemplo de los trenes de alta velocidad, (más de 300 km por hora). ¿Para qué?: la media de las economías familiares no se pueden permitir la compra de billetes para viajar en él (nunca mejor dicho), tan "cacareado" AVE. ¿Pero estos, de qué van? Nos recortáis: salarios, pensiones, límite de velocidad, espacios para fumar, jubilaciones, cheques bebé, etcétera, y nos hacéis responsables de la mala gestión que habéis realizado, a base de sueldos y pensiones de ensueño que os metéis en el bolsillo. Eso sí, como "nuestros castigadores" han sido castigados por la Comunidad Económica Europea: Merkel, Sarkozy. ¿Quién paga los platos rotos?: pues los de siempre: los sufridores que van y votan a los castigadores.

Bueno, me voy al taller mecánico a que me transformen el coche en un buen sillón, para al menos estar cómodo en casa, ya que con los recortes, pocas ganas me quedarán para derrochar, y mucho menos para pagar multas.

Febrero 26, Albacete 2011

POLÍTICOS MAGNÁNIMOS

Algunos políticos, están pidiendo a voces, escenarios para purificar sus errores. ¿A qué precio?: al que haga falta. Los señores Zapatero y Sarkozy (entre otros), han encontrado protagonismo para compensar posibles errores cometidos en sus respectivos países. No me digan, que aunque el tema es escabroso (estoy hablando de inmiscuirse en una guerra, donde mueren seres humanos), ellos tienen estómago para aguantar carros y carretas y van, y se hacen un hueco internacional. Aquí, nos subimos al tren que nos retroalimenta el protagonismo y la popularidad, (porque es de ley en política). Primero fue José María Aznar con la guerra de Irak a pesar de que las causas del ataque, nunca se pudieron justificar; a nosotros, Al Qaeda (Osama Bin Laden) sí nos ajustó las cuentas, con las horribles muertes de los atentados de los trenes de cercanías en Atocha y otras estaciones. Ahora, el señor Zapatero, desde no se sabe qué postura justiciera, nos da una lección magistral de cuándo y por qué hay que aplicar las armas contra señores y culturas obsolet@s. El trasfondo de estas veleidades ya los conocemos; lo que no sabemos es, si los datos y criterios existentes serán tan ecuánimes como en ocasiones anteriores. A los habitantes de los países que intervienen en estos conflictos, solo nos queda saber si estas actuaciones bélicas acabarán con el problema considerado tan grave, o si lo considerado tan grave, será nuestro problema.

Marzo 25, Albacete 2011

PANCETA, UNA TIERNA HISTORIA

Ayer conocí a Panceta. Sus recién pintadas pezuñitas, avisaban de su inmediata aparición en escena, nada más verlo, me pareció gracioso, radiante de felicidad, impetuoso. Sus movimientos (algo descoordinados) aún lo hacían más tierno, si cabe.

Este cerdito, ha sido tutelado por una panda de amigos en su local. Quizás esta idea (algo descabellada), muy propia de la juventud, está dando sus frutos.

Panceta, se está convirtiendo en un cerdito urbano. Ha cambiado la ansiada anatomía de su progenitora por: una bolsa de goma, de las de casa, con su agua calentita, un biberón que (aparece, como por arte de magia) de una cajita encantada detrás del sofá, unos besos y abrazos amorosos de sus arriesgados cuidadores, en fin, todo ello, acompañado de una euforia desmedida. Juventud: divino tesoro. La educación de Panceta, seguro que no será la adecuada (pensaría su madre), aunque para alguno de sus hermanos fuera la envidia. Fue aprendiendo los nombres de sus tutores: Esther, Jesús, Chille, Fernando, etc. Por muy raros que le parecieran, se lo pasaba genial con ellos, por lo que debió agradecer en esa etapa de su vida, haber sido el resultado de un regalo de cumpleaños entre colegas, ¿regalo (alocado, genial, inconsciente)?: tal vez, pero en el recuerdo quedará siempre, la tierna historia de un cariño de los de verdad, de los que marcan.

28 Febrero, Albacete 2011

CIVILIZACIONES

En este nuestro mundo, y con el paso de los siglos, han ido existiendo distintas civilizaciones, como (entre otras): Sumeria-Caldea-Semita, Egipcia, Egea, China, Celta, Romana, Árabe-Islámica, Mesoamericana, Andina, Medieval, Occidental, etc.

Estamos a caballo entre el cambio de la última y la nueva civilización venidera.

Túnez, país islamista, cuya república puso en acción una segunda cámara legislativa (Cámara de Consejeros), para el control y defensa de las libertades de los tunecinos, y el de acortar el límite de mandatos de un presidente, fue cuestionada por todo lo contrario: su falta de libertad de expresión y garantías democráticas. Este hecho fue denunciado en su día por: Amnistía Internacional, Reporteros sin Fronteras o Human Rightstras. Sin embargo, Túnez, que fue partícipe en civilizaciones anteriores (Cartago, siglo VIII a. C.), según parece, no ha evolucionado paralelamente al tipo de estados democráticamente consolidados. La caída del régimen de Zine el Abidine ben Alí, es un hecho, por lo cual, su gobierno ha sucumbido.

Esta es la punta del iceberg para que otros países del Islam: Egipto, Libia, Marruecos, etc., empiecen a organizar, desde las bases más vanguardistas de la población, la lucha incansable hacia la libertad.

Civilizaciones que ya existieron, como la Árabe-Islámica, teniendo su auge renacentista a partir del siglo VIII, fueron siendo engullidas a lo largo de los siglos, por otras, que no dejaron de ser insubordinadas a la anterior. Me viene a la memoria, que: las civilizaciones se podrían comparar con las galaxias, unas van engullendo a otras. ¿Con qué fin?: ¿Cambiar el estado de la energía? ¿Tener el control principal sobre las demás fuerzas? A saber, hoy se habla de la globalización: ¿Nueva civilización?

4 Marzo, Albacete 2011

PARADIGMAS

Algunos paradigmas forjados a través de los años vividos, han tenido un trasfondo falaz.

Vamos cumpliendo el papel que a cada uno de nosotros (en parte) se nos ha asignado. Estos paradigmas están anclados en encrucijadas de caminos, que sí, te pueden llevar a recorrer experiencias de la vida, pero, amigo mío, el precio que pagamos puede ser bastante caro, si alguien no te abre los ojos.

No me gusta ser fatalista, pero no hay más remedio que hablar claro. De esta manera, los que conviven cerca de ti, pueden ver la obra de teatro con argumentos más vitales.

La sociedad de ahora y, no nos engañemos, de toda la vida, ha basado su existencia en argumentos anclados en los poderes fácticos: Ser gobernados por personajes de "sangre azul"; tener líderes religiosos de "sangre celestial"; el poder de la crítica en los medios de comunicación (muy necesario para los que no se han formado una opinión); y en el Olimpo: "el dios Dinero". Durante millones de años el ciclo de la vida no ha dejado de girar en derredor de estas banalidades. A veces, todo esto se aderaza con algunos ingredientes, que el ser humano ha inventado y que le ha llamado: arte. Quizás aquí, el ser humano quiere apartarse más de la manada y trabajar de forma individual. El arte no deja de ser un concepto más, con el que se especula, y que una vez realizado, se basa igualmente en las mismas banalidades.

Sí, somos gregarios, necesitamos un líder, pero no lo ensalcemos tanto. Dejemos que el transcurrir de la vida, con la humildad necesaria, nos acompañe a entender que: esos paradigmas que nos inculcaron son engañosos y que debemos desenmascararlos sin piedad.

Marzo 9, Albacete 2011

SOSTENIBILIDAD

Somos muchos en el planeta, que necesitamos de los recursos que éste nos ofrece; y cada vez más, al ir aumentando la población.

La teoría de mantenerse a sí mismo, sin merma de los recursos existentes, da miedo, al pensar en la difícil organización de los humanos. Debería existir en el cerebro de cada uno de nosotros, una parcela inamovible, con el protocolo de actuación para el mantenimiento y el cuidado que nos ofrece la madre naturaleza. De igual manera que existen proyectos forestales para el aprovechamiento de la biomasa, donde nuestros ingenieros forestales, entre otros muchos controles, empiezan parcelando los montes, con el fin primordial de aprovechar sus recursos y mantener el desarrollo racional del mismo, así deberíamos de aplicarlo nosotros, uno a uno, en nuestra educación ambiental.

El bien más preciado que tenemos, lo estamos asesinando entre todos. Para qué pensar en nuestros hijos, nietos, bisnietos; lo primero es lo primero: la explotación indiscriminada de todo tipo de recursos para el enriquecimiento material del caciquismo. No hay más, es lo que hay, como se suele decir en estos tiempos.

Debería ser el sueño dorado de cada uno de los habitantes del planeta, poder demostrarnos el respeto por algo que se nos ha regalado. Claro, quién nos debe convencer de ello, es nuestro protocolo de actuación individual, que todavía pasará tiempo hasta implantarlo. ¿Cuestión de educación?

Marzo 12, Albacete 2011

TRÁFICO DE BEBÉS

Este mundo está definitivamente loco.

Conforme se va desarmando la trama clandestina de criminales que traficaba con niños recién nacidos, más sorprendente nos parece, que se pueda llevar al grado más deplorable de la dignidad humana, hasta jugar con el destino de la vida de un bebé.

En todo este entramado deberían de incidir y por este orden:

* La envidia nacional (tan desarrollada en nuestro país).
* Los tiempos en que sucedieron los hechos: etapa dictatorial y algunos años posteriores, hasta el cambio en la ley de adopción, entre los años 1950-1979.
* La más baja y vil ansia del dinero fácil: aquí entraban personas que intervenían directa o indirectamente en el nacimiento de los bebés, como: médicos, enfermeras, curas, monjas, etc.

También estarían en la trama, distintas jerarquías qué, aún a sabiendas de los hechos, no se podían delatar por el miedo al instinto de supervivencia.

En la etapa que transcurrió, podríamos decir que era el caldo de cultivo apropiado, debido al odio político que existía entre ambos bandos (republicanos y nacionales), aversión que desgraciadamente nos caracterizó en la guerra civil.

Cualquier hijo de republicana nacido o no en prisión, no merecía ser descendiente de personajes tan espurios, bajos, viles y despreciables. Las jerarquías del régimen, lo tenían claro; dónde mejor que alojar a estas criaturas: en el núcleo de una familia cristiana, apostólica y romana. Para ello ponen en marcha la trama, con la connivencia propicia en estos ámbitos mafiosos.

El poder civil, apoyado por la jerarquía religiosa puede llegar a organizar desastres de magnitudes superiores a los originados por la naturaleza: terremotos, *tsunamis*, etc.

El dinero tiene su valor, pero el fin no justifica los medios.

Han pasado muchos años, algunas de las personas que intervinieron en esta trama, o habrán fallecido, o estarán en capilla. Si hay justicia atómica, les deseo la mejor de las explosiones.

Marzo 13, Albacete 2011

ALBACETE, LOS JARDINILLOS DE FERIA

Estoy frente al estanque de los Jardinillos, es una mañana de marzo algo nublada, la temperatura es tan agradable como el entorno donde me encuentro. El estanque, salvo algunas evidentes reparaciones de mantenimiento, sigue como estaba. Las ranitas manando agua por la boca, las palomas coqueteando amorosamente, los pasamanos y barandillas con sus incrustaciones de piedra, la cúpula del templete con sus azulejos relucientes; deja bastante que desear el estado en que se encuentran los árboles de alrededor, no parecen tener buena salud.

De repente me veo con ocho o diez años, desbordante de energía, casi exhausto, bebiendo del agua fresquita que salía desde esa especie de figura mitológica en forma de cono recubierto de piedrecitas (al estilo de las barandillas); la sed desaparecía, y vuelta a empezar. La calidez me reconfortaba por completo. Hoy, ya tengo cincuenta y seis años; es como rejuvenecer, sentirte lleno de energía, empezar la vida desde el principio, vivir con tus padres y hermanos en la casa del barrio, (el mío era el de Fátima, muy cercano a donde me encuentro), volver a la inocencia de la niñez. Evocar estos recuerdos desde el enclave físico, y poder ir reproduciendo las imágenes, es una ventaja que nos distingue de los demás seres vivos, y nos acerca más a lo metafísico.

Como no, a continuación y trasladándome en el tiempo, comencé a recordar los días de Feria. Recuerdo a mi abuela, que recién cobrada la paupérrima pensión de viudedad, nos cogía a mi hermano y a mí, y nos llevaba a montar en los caballitos, aquellos de antes, los auténticos, esos que al girar subían y bajaban. Esos paseos interminables por el paseo ferial; ese bullir de alegres y amables gentes, caminando de un sitio para otro; ese olor a churros y chocolate; la algarabía y el caos de la música disco, sonando a la vez en las distintas atracciones feriales.

Deberíamos de valorar más el tiempo vivido, para de esta forma, agradecer aquellos momentos de la vida que no se repiten, pero que de alguna manera forman parte de la universalidad de la existencia.

Con el paso de los años se disfruta más del tiempo; es posible que nuestra parte cognitiva, nos quiera decir que: el tiempo lo ponemos nosotros y que la relación (espacio-tiempo), sea una invención más del ser humano.

Oye, de ilusión también se vive.

Marzo 25, Albacete 2011

BOTELLONES A MONTONES

Somos responsables directos que los jóvenes practiquen "Botellón"; entre ellos, algunos de nuestros hijos; lo digo, por si eso de jóvenes en general, distrae lo personal.

Conforme estos jóvenes han ido asomando a esta sociedad consumista que les ha tocado vivir, junto a sus familias, y gracias al concienzudo sistema por hipnosis que inventaron las grandes multinacionales y junto a los medios de comunicación, nos vemos, como nos vemos. No hemos sabido contrarrestar la vorágine que ha producido este sistema; nos ha tragado como cual agujero negro.

El botellón va unido al consumo compulsivo y masivo, o sea, beber mucho en poco tiempo. Si los efectos que produce el alcohol para desinhibir la libido se acompañan con nuestros instintos gregarios y nuestro desarrollado sistema consumista, se produce el resultado lógico: el botellón.

En la época que nos ha tocado vivir, y en cada núcleo familiar (casa de vecino), hemos magnificado el consumo, celebrando hasta el cumpleaños del hámster. Dentro de esta cultura creada en mayor medida en nuestros tiempos, es natural la connivencia con el botellón actual. No hemos sabido racionalizar y equilibrar el sistema consumista.

La única medida más impopular contra el consumo actual, es la ley aantitabaco, la cual ha repercutido más en excitar la vorágine consumista, ya que el número de botellones y participantes, se ha centuplicado, desde la prohibición de fumar en locales públicos. Los fumadores no "botelloneros" se han sumado a ocupar terreno urbano.

No podemos responsabilizar a los jóvenes de algo que nos hemos ganado a pulso todos con nuestra irracionalidad.

Abril 1, Albacete 2011

EL CEMENTERIO DE ALBACETE

Va a hacer seis meses que falleció mi padre; el tiempo es implacable. Ayer, acerqué a mi madre al cementerio, ya que todavía no había tenido ánimo de acudir.

La pobre, después de haber convivido más de sesenta años con él, y tener una edad avanzada (con los achaques correspondientes), se emocionó lo suyo. Esperemos que vaya paulatinamente aprobando esta otra amarga asignatura de la vida.

La visita, como se supone, duró más bien poquito. Como ya saben, el Ayuntamiento facilita una autorización para que, personas con problemas de movilidad física, puedan acceder de una manera más cómoda en el automóvil; así lo hicimos, circulando por las diversas zonas donde se encontraban nuestros seres queridos.

La impresión que nos quedó del cementerio (al margen del trago que se pasa), fue: encontrarnos en unas instalaciones municipales perfectamente cuidadas, limpias, ordenadas, con todo el esmero que han debido de poner las personas responsables de las mismas. Tengo que hacer referencia a Aurora Zárate Rubio, persona entrañable y conocida del barrio de Fátima, de toda la vida. Eligió ser útil a través de la política, utilidad que desde luego ha debido desarrollar con eficacia. El mimo con que se trata hoy en día al cementerio es evidente, y a las personas que lo han conseguido hay que valorarlas con una nota muy alta. Nuestro agradecimiento al equipo municipal que nos lo cuida, con Aurora a la cabeza.

Enhorabuena.

Abril 2, Albacete 2011

FUMATA A LA VISTA

El presidente del Gobierno José Luis Rodríguez Zapatero, anuncia no presentarse a las próximas elecciones generales; eso sí, agotará su mandato hasta que se cumpla el periodo legislativo. Quizás se tome este tiempo para invocar de nuevo a los dioses y las diosas del Olimpo, aquellos que le han aconsejado *in extremis* que no se presente en las próximas elecciones. Es posible, incluso, que les haya hecho dudar en los oráculos que mantiene con ellos, hasta el extremo de ver peligrar sus futuros. Por este motivo, y para la fumata [*clavelera*] que se avecina, el humo anunciador no tardará en tener el beneplácito de los dioses, con lo cual, tampoco tardará en salir el próximo candidato. José Bono, siempre ha mantenido buenas relaciones con las alturas. ¿Será el próximo?: se verá.

Abril 6, Albacete 2011

¿LIBRE DE PECADO?

Aún recuerdo aquel día en el parlamento valenciano, en que el señor Ángel Luna arrojó una piedra (siguiendo las citas bíblicas), diciendo estar (su partido y él) libres del pecado de corrupción. Sacó su piedra de la americana y la arrojó decididamente.

El señor Luna, portavoz socialista en el Parlamento Valenciano, acudió al Tribunal Superior de Justicia de la Comunidad Valenciana, acompañado por sus compañeros de partido, donde tenía que declarar por un delito de encubrimiento, en relación con el informe secreto del ya conocido 'caso Gürtel'.

Las imágenes que nos facilitan los medios televisivos, no dejan duda que han sido bien preparadas ante la opinión pública: a la cabeza, el imputado señor Luna precedido por sus discípulos, camino de aclarar estas imputaciones corruptas, que él, en su día, se atrevió a negar, arrojando la primera piedra cual iluminado.

Las imputaciones que se atribuyen a este señor son diversas, y algunas entrelazadas con personajes corruptos. Estos, aparecen igualmente en tramas organizadas. El caso Gürtel (personas del Partido Popular). También la etapa donde el señor Ángel Luna (Partido Socialista) fue Alcalde de Alicante (1991-1995); donde pudo haber favorecido contrataciones con las empresas del promotor Enrique Ortiz (implicado igualmente en los casos 'Gürtel' y 'Brugal') a cambio de que se hiciera cargo de la reforma de su casa.

Las aguas en Valencia están revueltas desde hace tiempo. Quizás el histórico Tribunal de las Aguas valenciano, podría dar lecciones de honradez y de buen hacer: cuando la palabra y un buen apretón de manos, valía más que cualquier contrato mercantil ante notario.

Abril 10, Albacete 2011

UNIVERSIDAD DE MAYORES JOSÉ SARAMAGO

La maldita crisis económica, está colaborando en el recorte de las actividades que se desarrollan en la Universidad de Mayores José Saramago. Este proyecto, le pusieron en marcha: la Universidad de Castilla-La Mancha con la Consejería de Bienestar Social, y fue ideado, para que las personas mayores ocupen su tiempo en la formación y la cultura en general. Estas actividades ocupan varios apartados: clases formativas con asignaturas de Humanidades, viajes, actividades deportivas, talleres de: teatro, psicología, lectura, cine, etc. Los recortes originados a consecuencia de la nefasta actuación económica desarrollada por el gobierno; tal vez, sufrido en un momento hostil de la economía mundial, ha hecho que (entre otros ámbitos) se vean mermadas estas actividades sociales tan esperanzadoras para este colectivo.

Las consecuencias de esta crisis financiera afectan más allá del tema monetario. Muchas personas, tratan de orientar su vida a través de programas como éste; se puede decir que han encontrado una esperanza para reorganizar su vida, aprender o complementar materias de primer orden; organizar sus horarios y tener planes de trabajo a desarrollar. Si a lo largo de esta crisis, y tras los recortes sufridos en la Universidad de Mayores José Saramago, no se hace algo para salvar este proyecto, se podría decir que se ha jugado con la vida de algunas personas, ilusionadas en los penúltimos tramos de su vida.

Se me ocurre un lema para sensibilizar a las Instituciones en favor de su continuidad: *"Si te sientes joven, la edad no importa, y el saber conforta"*. Pidamos que se haga lo posible para confortar a las personas que se les imparte esta formación reglada.

Abril 12, Albacete 2011

TEST PARA POLÍTICOS

Sería conveniente encargar al máximo organismo privado en psicología del país, la elaboración de un test de aptitudes, para calificar las cualidades políticas, escondidas en las personas que deciden participar en ella de una forma activa.

En los demás ámbitos profesionales, donde se requiere un alto nivel para el ejercicio de una carrera profesional, se exigen pruebas de acceso muy duras: magistrados, jueces, notarios, registradores de la propiedad, catedráticos, profesores universitarios, etc. No es el caso de los políticos. Para estos, solo basta incluirlos en una lista electoral, y que esta, sea difundida por los medios de comunicación necesarios; claro, acompañadas de mensajes subliminales que lleguen bien a la parte cerebral del receptor, o sea, al futuro votante del censo electoral. Naturalmente, estas campañas electorales requieren esfuerzos, tanto económicos, como de las personas que las hacen. Los esfuerzos económicos, es probable que no sean tanto; pues estas financiaciones, ya se ha demostrado que no pasan un control exhaustivo en su apartado contable; esto, no es como la hipoteca familiar. El esfuerzo físico de las personas que hacen las campañas políticas, tampoco requiere una forma física especial (con una buena barriga cervecera también se llega al último punto de la piel de toro), como por ejemplo para optar a bombero.

En definitiva, y volviendo a los que nos ocupa: para ser político en este país (o quizás en cualquier otro) no es necesaria una formación política contrastada, se trata solamente de saber decir que sí, cuando la respuesta, honradamente debió ser que no.

Es posible, que esto de los tests para políticos sea un disparate; aunque controles más extraños se ven por ahí. ¿Y una máquina de la verdad?, esta, se conectaría a la 'vídeo- pantalla' gigante que instalan en los mítines y se observaría si la persona dice la verdad o miente. En los primeros controles con este sistema, algunas personas no darían la talla. Con el tiempo, es probable que sí, con un buen entrenamiento previo a las siguientes campañas.

Abril 19, Albacete 2011

EVOCANDO CANCIONES

Hoy, he pensado pasar gran parte del día escuchando canciones de mi juventud. Me pone las pilas. Es todo lo contrario que pensaba: creía que iba a sentir nostalgia del pasado, y nada de eso. Es como un viaje al pasado, donde la música y la letra evocan pinceladas de un estado más puro.

Las escucharé a la vieja usanza. Busco en el mueble la funda de cartón donde se aloja el disco de vinilo. Me fijo en el agujerito que hay en el centro. He notado como un guiño; como si hubiera despertado de su gran letargo, y me agradeciera ponerlo de nuevo a girar en el tocadiscos que previamente he desempolvado después de muchos años. La música comienza a sonar. Mi memoria se pone en marcha: está buscando y asociando qué imágenes corresponden a esta secuencia. Genial, conecto. La letra de la canción me ayuda a rememorar toda la puesta en escena: es un día de primavera; como escenario: la terraza donde vivía con dieciséis años. Por la barandilla se veían y oían los niños del barrio como disfrutaban con el juego. El tocadiscos giraba. Las ondas producidas, salían por el altavoz a través del aire y decían así: "Imagina que no existe el Cielo/ es fácil si lo intentas/ sin el Infierno debajo de nosotros/ Imagina a toda la gente / viviendo el hoy… / Imagina que no hay países/ no es difícil de hacer / nadie por quien matar o morir/ ni tampoco religión/ imagina a toda la gente/ viviendo la vida en paz…".

Gracias a John Lennon, a su canción Imagine y al limpio recuerdo almacenado de esos momentos: hoy, he desconectado durante unos minutos de aquellos pensamientos que circulan en nuestro interior, y nos perturba la imaginación. Con dieciséis años, el mundo era un gran proyecto por delante.

En este caso, la gran importancia de la música ha hecho el milagro: me ha retrotraído acompasadamente a esos momentos evocadores de una juventud sana.

Abril 20, Albacete 2011

LA TIERRA DE UNO

Cuando voy llegando a mi ciudad: Albacete; siento un cosquilleo por todo el cuerpo, tal como el amor o el cariño que aflora súbitamente a los sentidos, y que produce esa agradable sensación de bienestar. Llegando desde Chinchilla; en una posición más elevada, se adivina una ciudad bien estructurada; asentada en una gran llanura; majestuosa; creciendo ordenadamente en todas direcciones. En el conjunto visual, destaca una gran figura en forma de cruz, con una altura que sobresale por encima de todas las demás, (es el depósito del agua). Esta figura emblemática de Albacete, es la que primero se avista desde la lejanía. Ella, conforme nos vamos acercando, es la encargada (a modo de privilegiada antena emisora) de lanzar al aire, esos recuerdos (involuntariamente perdidos) de tu querida ciudad; y ¡cómo no!, de tus añorados seres queridos. Algunos, se tuvieron que marchar (muy en contra de sus deseos) a otros destinos obligatoriamente impugnables. No importa, las ciudades son: los ciudadanos que pasaron por ellas, aquellos que la moldearon y le dieron las señas de identidad con todo su cariño. A nosotros y a nuestros hijos, nos corresponde mejorarla y cuidarla, de igual manera que lo hicieron los que se fueron.

Las raíces tan profundas que me unen a mi ciudad: Albacete, fueron bien regadas por mis padres y abuelos, sabiéndonos transmitir, que en el origen de todo, está la verdad.

Estoy llegando a mi querida ciudad, la que contiene todas las esencias de esos sentimientos imperturbables.

Abril 21, Albacete 2011

¿QUIÉN NOS MANEJA?

Se ha empleado mucho tiempo en crear sistemas que auto-regulen la convivencia entre las distintas civilizaciones. Muchas de ellas han fallado en la aplicación de los conceptos más básicos de la racionalidad humana. Estos sistemas, que en su conjunto vienen a regular la convivencia entre las personas del planeta, no encajan en el desarrollo evolutivo que se pretende.

La desigualdad entre los mundos que denominamos: civilizado y el resto de países (que no han evolucionado al ritmo del resto), es alarmante. Las civilizaciones van acordes, con el desarrollo de la inteligencia del ser humano; tal vez esta inteligencia, se esté desbordando hacia proyectos de corto plazo, que con los primeros desajustes mueren. El universo (que a veces es retado por nosotros) tiene proyectos equilibrados, que se mueven con sistemas y plazos impensables para el conocimiento humano; el astrofísico Stephen Hawking ya nos adelanta hipótesis sobre este equilibrio.

Algunos proyectos de desarrollo, inventados en esta sociedad por los gobiernos e instituciones correspondientes, quizás deberían basarse en conceptos más sencillos, menos concienzudos y estadísticos (a veces hay que dar cabida a la improvisación inteligente). Las personas o grupos que los desarrollan, también deberían ser más homogéneos en conocimientos altruistas y menos políticos.

Como habitante de los tiempos que nos ocupan, me preocupa la información que preferentemente nos llega todos los días:

- Muertes por inanición en países subdesarrollados, (hambre y escasez de agua).
- Muertes por violencia doméstica.
- Violación y prostitución de menores.
- Atentados terroristas con muertes desgarradoras.
- Declaraciones de guerra en toda regla.
- Familias sin ingresos, al borde de la desesperación.
- Promesas políticas incumplidas, que se han esfumado.

- Asesinatos incomprensibles ejecutados en institutos de educación o centros públicos.
- Rapto de bebés con el ánimo de su especulación o violación.

Al margen de que las personas de esta sociedad, nos pongamos eufóricos con el triunfo de nuestro equipo de fútbol u otro deporte, es hora de involucrarnos para cambiar estos sistemas, que a medio plazo no encajan y a largo plazo no funcionan. Siempre llevaremos ventaja, si nos preocupamos de evolucionar en nuestros conocimientos culturales y científicos para un fin común. Podemos tomar como ejemplo: esa bacteria que ha sido descubierta hace unos meses en un lago californiano y que aprovecha el venenoso y mortal arsénico, para sustituirlo por el fósforo. Una buena lección de evolución.

Abril 23, Albacete 2011

EL RELOJ DE MI ABUELO

A la muerte de mi padre, el reloj de mi abuelo Francisco pasó a mi poder; por deseo de la familia, naturalmente. Aunque muchas veces está parado (funciona perfectamente; debe tener más de cien años), la impresión que me da cuando llego todas las noches al dormitorio, es toda la contraria: noto el tictac dentro de mí. Aunque el tiempo (conforme lo entendemos) es implacable y distante, en este caso, no lo parece así: me siento más cercano cada noche, a cada una de las horas que fue marcando al compás de las vidas de mi abuelo, y de mi padre; con ese lustre de plata, tan elegante. Imagino a mi padre con el suyo, allá donde pertenece el espíritu: libres por esos lugares (donde aquí no podemos imaginar), comentando las peripecias de esa vida terrenal que ya dejaron, tan llenas de argumentos inexplicables para ellos, ahora. Ja, ja, menos mal que nos queda el reloj. Qué buena compra hice, hijo mío. Ese reloj era de categoría, y así sigue, fiel a su cometido. Mi abuelo, mi padre y yo, lo hemos cuidado pensando que: aunque nos quiera medir el tiempo, el amor está por encima de su transición, y él lo sabe. Entenderá, que el día la maquinaria no de más de sí, no será obstáculo para ser recibido con todo el amor que (cual gorrioncillo inerte), por el siguiente y afortunado miembro de la familia elegido. Será arropado y cuidado con fervor, y de esta manera evocará y transmitirá los preciados recuerdos que nos vinculan a través de los objetos; como es el amor de padres a hijos, que perdurarán para siempre.

Abril 24, Albacete 2011

JÓVENES ANTE LA CRISIS

Admiro a los jóvenes que debido a la crisis que nos azota, perdieron sus trabajos con edades que superaban los 25 años y han decidido luchar, por ellos y la sociedad. Nos han dado una lección de cómo hay que reaccionar ante estos acontecimientos. De igual manera que por circunstancias de cada uno, decidieron dejar los estudios por un puesto de trabajo; hoy, y de la misma forma decidida, han empezado, o han retomado los estudios, consolidando de esta manera su formación académica. Los gastos que originan los estudios donde se han matriculado, las solventan con las prestaciones y ayudas por desempleo que les pertenecían al ser despedidos de sus empresas. Cuando éstas se agoten; deberán buscar trabajos de temporada y compaginarlos con los estudios, que esforzadamente han decidido concluir. Por otra parte, si no pueden generar ingresos por ellos mismos desde cualquier alternativa, será el esfuerzo (una vez más) de las sufridas familias. Para ello, estos jóvenes, han tenido que comprometerse seriamente, y con el pecho y la mente al descubierto, aventurarse en un proyecto valiente. Esta opción de adaptación demostrada por los jóvenes de hoy, comprometidos con su país y la sociedad actual, ha demostrado un coraje épico que les honra.

Para algunos gobernantes, podría ser el momento de tomar nota de que: las crisis se solucionan con el esfuerzo y el coraje de todos, no sólo de unos cuantos.

Abril 27, Albacete 2011

VERDE ESPERANZA

Si todavía queremos seguir manteniendo algo de esperanza (que falta nos hace), no hay nada mejor en esta época del año, que visitar el parque más importante de nuestra ciudad: "Parque Abelardo Sánchez". Allí, podremos disfrutar de más de una decena de tonalidades del color verde, que gratuitamente nos regalan los árboles y arbustos, con solo el placer de mirarlos. Podremos elegir el verde que más nos guste, y así, aplicarlo a esa esperanza puesta en la vida mal coloreada.

La primavera nos abre sus puertas, para compartir con todos nosotros, las esperanzas perdidas que algún día volverán. Hay que abrir el espíritu, y dónde mejor, que rodeados de seres vivos catalogados de animales y plantas; que no necesitan: DNI, curriculum vitae, ni certificado de penales para demostrarnos su inocencia. Tampoco debes llevarte la música enlatada de casa, con los auriculares perforándote el tímpano, no. El concierto es en directo: oirás los cantos de las distintas aves; así como el batir del viento en las ramas y hojas de los árboles. Aprovechemos este pulmón en la ciudad, para oxigenarnos y deleitarnos de lo que la naturaleza es capaz de hacer, a cambio de no ser agredida.

En muchos hogares hace falta esperanza. Muy cerca de nosotros podemos observar, que la vida es más sencilla de cómo nos la planteamos. En el parque, la vida y la esperanza continúan…

Abril 29, Albacete 2011

MOURINHO, DISCONFORMIDAD

Este señor, tan respetable como cualquier ciudadano, llegó (con un buen currículum) para ser entrenador, a uno de los mejores equipos de fútbol del mundo: Real Madrid C.F.; gestión directa realizada por don Florentino Pérez, su presidente, (imagino que ayudado por su junta directiva). Hasta aquí, la operación es teóricamente impecable.

Teorizar con el prisma del buen hacer empresarial, en el mundo del deporte (en este caso, el fútbol), no parece ser el binomio más idóneo, para obtener los resultados deportivos programados por el club y la pizarra del entrenador; aunque sí, en sus resultados económicos.

Les diré que no soy muy aficionado al fútbol, pero sí aficionado a opinar (como todo buen español).

El señor Mourinho, declaró que había ganado no sé cuantas copas de Europa, con equipos inferiores al Real Madrid y al Barcelona. Ésta, puede ser una de las causas principales por las que sus jugadores y él, no llegan a formar un grupo homogéneo. El Real Madrid tiene jugadores individualmente buenísimos, los mejores. Lo único, que no debe ser igual: conciliar a muchas estrellas en un mismo espacio, éstas pueden originan una gran explosión de 'supernovas'. Parece ser, según demuestra el universo, que las estrellas deben ir acompañadas por sus planetas y satélites, de esta forma, se produce el equilibrio necesario para su estabilidad.

La disconformidad con: árbitros, federaciones, y todo tipo de sistemas que rigen las reglas del fútbol, que el señor Mourinho pone en tela de juicio, viene dada por el difícil acoplamiento de todas sus estrellas (él incluido), en esa galaxia llamada fútbol. Deberían considerar que: los planetas y satélites de su equipo también deben brillar, pues son tan necesarios y protagonistas como todas ellas.

Abril 30, Albacete 2011

SER FUNCIONARIO

Cada día se inscriben más personas en las convocatorias de empleo público; la proporción de plazas a ocupar, es irrisoria comparada con el número de participantes (ni la lotería). El trabajo hoy, es como encontrar 'una aguja en un pajar', escaso y con tintes ventajosos para quienes los ofrecen. "Aferrarnos a algo seguro", respuesta inmediata de nuestro sistema límbico. La seguridad, (según la entendamos) es una ilusión mental. Tratamos por todos los medios de dar respuesta a las alarmas que nos envía nuestro cerebro: "hay que atar y reatar todos los cabos, para que nuestro futuro, sea seguro y no nos defraude". Seguridad, futuro; quizás conceptos banales. También, debemos pensar en no ser 'explotados'. Aquí, encaja mejor la optativa de ser funcionario: "nos engañarán en el sueldo, pero 'no' en el esfuerzo laboral que éste implica".

Mientras no cambiemos de mentalidad, esta crisis, tardará en remontar el vuelo. El compromiso de superarla, debe ser corregida pensando fundamentalmente por este orden: trabajo y remuneración; con la buena política gubernamental y sindical por delante.

Mayo 2, Albacete 2011

OSAMA BIN LADEN

Estados Unidos llevaba diez años buscando al terrorista más sanguinario e inteligente de la historia contemporánea: Osama Bin Laden. Al no haber prosperado los interrogatorios a los presos aglutinados en Guantánamo, los servicios de inteligencia norteamericanos seguirían dando 'palos de ciego' hasta su localización.

Después de no dar señales de vida en los últimos seis años, una operación militar de las tropas estadounidenses, tras una larga búsqueda, lo encontró viviendo en una urbanización de lujo llamada Bilal Town, en la ciudad pakistaní de Abbottabad. El enemigo número uno más buscado, vivía como un fantasma en una lujosa zona residencial. Esta ciudad se encuentra situada al N.O. del país, enclavada entre los valles de las numerosas colinas que la rodean. Es una ciudad de alto 'standing'. La casa donde vivía tiene dos alturas, con dos portones y una falsa puerta que en teoría da entrada a las personas, pero que en realidad da acceso a un muro interior. Se la puede considerar como un búnker. Entre los vecinos de la zona fue surgiendo curiosidad por el tipo de construcción. Al parecer, el que dijo ser su propietario, les comunicó que: "debía protegerse, debido a las graves amenazas que existían hacia su persona"; estrategias para no levantar sospechas. Los habitantes de la ciudad pensaban que se trataba de un jubilado más.

El ejército que efectuó el asalto, perteneciente a la fuerza de élite creada en la guerra de Vietnam, alertó de haber localizado a "Gerónimo", nombre con el que había sido bautizado. La larga búsqueda llegó a su fin, en poco menos de cuarenta o cincuenta minutos, Bin Laden ya es historia. Su cuerpo se arrojó al mar, es tradición en el Islam.

En distintas ocasiones, el terrorista más buscado de la historia contemporánea, auguró que su muerte vendría a consecuencia de una vil traición. Quien a hierro mata a hierro muere.

Con la muerte, acaba el sufrimiento, ¿quién va a juzgar las muertes de miles de personas inocentes cometidas por este terrorista?: Alá, Mahoma, Neptuno (dios del mar)...

Mayo 3, Albacete 2011

VOTO INTELIGENTE, NO DE CASTIGO

El castigo o escarmiento suena a patio de colegio. La inteligencia evolutiva, nos ayuda a resolver problemas, que se nos presentan a diario en la encrucijada de nuestras decisiones. El resultado de la decisión, así como el paso del tiempo, nos dirá de su efectividad.

Al comenzar el periodo de campaña electoral para los próximos comicios municipales y autonómicos, nos veremos bombardeados por todos los frentes, con un lenguaje ininteligible, subliminal y mediático de las soluciones a los problemas existentes en los ámbitos correspondientes. Al igual que de los escarmientos y castigos que hay que dar al contrincante político. Este lenguaje en sus mensajes, vendrá adornado con papel de celofán, pero lo que realmente importa, es su contenido; la mayoría de las veces está vacío.

Los errores, los han cometido todos los que han pasado por Moncloa, ayuntamientos o sedes regionales del gobierno. Todos tienen algún borrón en sus expedientes, y por lo tanto merecen ser 'castigados' (algunos hasta condenados).

Creo que el voto inteligente, es aquel que no se deja llevar por los eufemismos que edulcoran la realidad. ¡Cuidado!, ya que estos, podrían abocar a la obtención (por parte de un solo color político) de una mayoría absoluta en la composición de las cámaras y plenos municipales, que nos llevaría a una situación de tendencia absolutista; no deseable para el buen equilibrio de las fuerzas que nos han de regir. No nos dejemos encantar.

Mayo 5, Albacete 2011

JUAN PABLO II

Hombre valiente, culto, viajero, luchador desde joven por el valor intrínseco del ser humano. Los años de su juventud en Polonia (que por cierto, no fueron muy confortables espiritualmente, pues quedó huérfano de madre, y posteriormente de padre), tuvo que trabajar duro. Trabajó en una cantera y posteriormente en una empresa de productos químicos. Aunque siguió el ritmo de sus estudios, estos, tuvieron que interrumpirse por los conflictos del momento. Así mismo, ayudó a salvar familias judías del Holocausto nazi en su ciudad de Cracovia.

Cita el beato Tomás de Kempis (monje cristiano renacentista del siglo XV): "No eres más santo porque te alaben, ni más vil porque te desprecien. Lo que eres, eso eres; y no puedes ser más grande de lo que Dios sabe que eres".

La gran bondad de este hombre, demostrada sobre todo en sus viajes por todo el mundo, implicándose con los problemas más acuciantes para el logro de esa Paz soñada, seguro que le habrán llevado muy, muy cerca, al sitio donde se encuentra Aquel por el que él luchó tanto en su vida.

Como decía Tomás de Kempis, Dios sabrá de lo grande de Juan Pablo II; no es importante hacerlo con tanto boato en la tierra de las aceras, eso es harina de otro costal.

Mayo 6, Albacete 2011

APELLIDOS SALOMÓNICOS

El encargado del registro civil, se convertirá en el rey Salomón de las discrepancias surgidas entre los padres, para elegir el orden de los apellidos de sus hijos. Tú la llevas, señor funcionario.

Mal empezamos, si al nacer nuestro retoño, ya polemizamos sobre qué apellido merece la continuidad a través de nuestros hijos comunes. Ahora, según parece, le pasaremos 'la patata caliente' al señor García Martínez del registro. Si este señor decide -aplicando el interés superior del menor- que sus propios apellidos, tienen más rancio abolengo que cualquiera de los otros; lo llevan claro, quienes pretendan apellidar de primero a los: Ridruejo, Vallejo Nájera, Domecq, Borbón, Osborne, Benguria, Martínez de Irujo, Bobadilla, Terry, Humbert, Byass. Por ley, el encargado del registro tendrá plena potestad de posponer todos estos apellidos rimbombantes en favor de García, Martínez, Sánchez.

Quién sabe, si dentro de bastantes años será corriente oír: los marqueses de García García, el señor conde de Pérez Martínez, etc. Podría ser, que para esos tiempos, los individuos estén registrados con la combinación de letras y números, como en las matrículas de los vehículos. De esta manera, polémica zanjada.

Mayo 7, Albacete 2011

EL CABALLO DE LAS GASEOSAS

El gobierno está estudiando la posibilidad de crear una norma, en la que los envases de bebidas (botellas, latas o brik de cartón) se paguen y posteriormente se retornen. Como antaño, el envase se paga en el momento de la compra y cuando lo devuelves te lo abonan. Este proceso, se está cociendo en el Parlamento Europeo, y es conocido como: sistema de depósito, devolución y retorno (SDDR). El gobierno español, ya ha llevado al Congreso un proyecto de ley para su aprobación.

Esto me hace pensar en el Albacete de los años 60-70, donde uno de los repartidores de bebidas de la ciudad, utilizaba un carro tirado de un caballo percherón, y con un porte elegante, arrastraba esas botellas que dentro de sus cajas y con el traqueteo de su elegante caminar, tintineaban al chocar unas con otras. Era muy peculiar como asomaba por aquellas calles del Albacete de los planes de desarrollo. En aquella época, circulaba un dicho popular en el que se decía: "Presumes más, que el caballo las gaseosas"

La crisis, el precio tan elevado de las máquinas para reciclar vidrio, los ecologistas (que por cierto, proponen que el importe a devolver por cada envase sea de 0,25), etc., nos llevará a recordar el Albacete de nuestra juventud. Mola. Lo que ya no mola tanto, es la contaminación que sufre el planeta, que traerá consecuencias indeseables para sus futuros habitantes

Al menos, que bajen los impuestos de basuras en la proporción que corresponda.

Mayo 10, Albacete 2011

SEVERIANO, GRAN HOMBRE

Ante todo, deseo que Severiano Ballesteros esté en el campo de golf que siempre soñó. Estoy seguro de que si no está, estará de camino.

Severiano fue un hombre con una entereza encomiable, tanto en los campos de golf, como lidiando su gravísima enfermedad. Esa actitud ante la vida le hizo grande. Un hombre humilde que escaló cimas muy altas, esa condición fue la que le mantuvo con los pies en la tierra, nunca se creyó más que nadie. Alcanzó la posición social deseada por cualquier competidor, pudiendo instalarse en esa élite, pero no, apostó por la empatía con los demás, colocando los valores materiales en el sitio que les corresponde. Relataba en algunas de las cartas que dirigió a distintos periódicos: "que nunca se iba a rendir"; igual que no lo hizo en su deporte favorito, tampoco ante la enfermedad. Se nos ha ido un ser humano que apostaba por el esfuerzo; por aplicar sus hazañas en el golf a la vida real (pues así lo decía), y de esta forma convertirse en un hombre muy peculiar en sus disciplinas. Su filosofía era: creer en uno mismo. Descanse en paz

Mayo 10, Albacete 2011

ENTRE BELLACOS Y BURLONES

José Luis Rodríguez Zapatero y Esteban González Pons andan uniformados con las hachas en pie de guerra, en plena lucha electoralista.

En la prensa de hace unos días sobre las elecciones, se podía leer el siguiente parte de guerra:

El señor Zapatero ha optado por llamar bellacos (malos, pícaros y ruines), a aquellos que se atreven a decir que ha habido recortes sociales. Lugar de la batalla: Santander

El señor González Pons, llamó al señor Francisco Pardo (presidente de las Cortes de Castilla-La Mancha) burlón, al haberse mofado del aspecto físico y la edad de la candidata del PP Carmen Bayod, que además insultó. Lugar de la batalla: Albacete, 'Los invasores'.

Como se puede apreciar, la artillería, dispuesta en forma de retórica y cargada de improperios está en plena eclosión.

El gobierno del señor Zapatero, de una forma bastante obvia ha hecho los recortes sociales que todos sabemos para afrontar la crisis. Llamar malos, picaros y ruines a quien dijo esto, como que no.

No creo que el señor Pardo, acuda todos los años a la Pasarela Cibeles a reclutar jóvenes modelitos para alcaldesas de su partido. Esto es una imbecilidad. A estas alturas de la democracia, si empezamos con tintes racistas, vamos arreglados.

Aprovechemos estos días para leer un buen libro y desconectar un poco.

Mayo 11, Albacete 2011

ALBACETE TEMBLÓ

Eran las 18:48 horas del día 11 de mayo, cuando se pudo notar el temblor en los edificios de la ciudad de Albacete. En nuestra provincia hermana, Murcia, y concretamente en el pueblo de Lorca, dos seísmos, el primero a las 17:05 y de magnitud 4,4 y el segundo a las 18:48 de magnitud 5,1 en la escala de Ritcher, desataron el pánico y la tragedia en la ciudad Lorquí. Al menos ocho personas fallecieron a consecuencia de los desprendimientos y hundimientos que se produjeron en distintas partes de la ciudad.

Les diré, que en esos escasos segundos, mi vivienda albaceteña se convirtió en un flan. Todo temblaba, las pantallas del ordenador y la televisión, la silla donde me encontraba se movía. En ese momento y de repente, empiezas a pensar y discriminar sensaciones que tienes almacenadas en tu cerebro, hasta llegar a pensar que se trataba de un terremoto. Hasta ese momento, el pánico empieza a campar por tu mente y la capacidad de reacción es un poco vaga. Imagino a países como Japón, donde sus ciudadanos ya están preparados en protocolos de actuación muy avanzados, donde la predisposición y actuación ya forma parte de sus vidas, y seguro que lo verán de una manera más normalizada. No les queda más remedio que impartir estos protocolos empezando en los colegios.

Como siempre, llegas a la conclusión de que la vida depende de acontecimientos que se nos escapan (nada nuevo), y en décimas de segundo todo lo armado, se desarma.

Mayo 12, Albacete 2011

ABEJAS SIN RUMBO

Parece ser, que el meteórico avance en la tecnología de las comunicaciones por medio de la telefonía móvil, está haciendo estragos en las condiciones de vida de nuestras bienhechoras las abejas. Hubo informes del año 2006 que aseguraban la desaparición de millones de estos insectos sin saber sus causas.

Actualmente se sabe según un informe del Instituto Federal de Tecnología de Suiza, que las señales emitidas por los teléfonos móviles durante una conversación, son capaces de desorientar a las abejas hasta llevarlas a la muerte.

Haciendo un seguimiento exhaustivo en su vida diaria, son un ejemplo de civismo sin par; son trabajadoras, sociables y escrupulosas con el medio donde viven, respetando el equilibrio de la naturaleza. Tienen mucho que ver en nuestra alimentación. Son transportadoras del polen en los cultivos más básicos que intervienen en las dietas de millones de personas en todo el mundo. Los científicos afirman categóricamente: "que su desaparición seria el origen de la desaparición de los humanos de la faz de la tierra".

Si todos estos informes (realizados, o en proceso) confirman estas hipótesis, podríamos decir, que parte de la tecnología para nuestra propia comunicación, está provocando la alteración entre las comunicaciones de las abejas. Así, a golpe de llamada con el móvil, estamos haciendo desaparecer a este insecto (tan beneficioso para la humanidad), que lleva nada más y nada menos que 160 millones de años habitando el planeta. Claro, ellas, las abejas, no nos facturan la miel elaborada; los operadores de telefonía, ya lo creo que sí.

Mayo 16, Albacete 2011

COPAGO SANITARIO

En esta campaña electoral y en el maremágnum de oprobios y remedios que se oyen, también he oído lo del copago sanitario.

Enfatizar con el cuento chino de que: "en otros países, ya hace tiempo que todo esto, o todo aquello ya se puso en marcha" me da risa. Cada país, ya sea comunitario o no, tiene su idiosincrasia, su entorno, su contexto, por el cual se llega a conclusiones para la administración por parte de las personas que lo gobiernan. Así que, no generalicemos siempre cuando nos conviene.

Hacer que los enfermos de un país paguen las enfermedades endémicas que ha ocasionado la mala gestión de un gobierno, parece ser que no es muy justo. Y no me refiero a éste, no, a un gobierno detrás de otro, creo yo. Concatenadamente se han ido pasando la pelota unos a otros, hasta dejar los cimientos de la economía en una situación muy precaria. De qué vale dejar las arcas del estado llenas, cuando los problemas económicos venideros tienen que ver con la frase: "pan para hoy y hambre para mañana". El penúltimo gobierno de España amasó mucho dinero, sí, pero de dónde: fundamentalmente del ladrillo. Pues si las columnas de la economía estaban basadas en esos 'ladrillos', los resultados han sido evidentes y ruinosos.

Sanear enfermedades económicas con enfermos de carne y hueso es la monda. Hemos estirado el cuello hasta límites prepotentes con nuestro modelo de sanidad, para que ahora tengamos que cobrar: un euro por un dolor de muelas, dos por un esguince, tres por una radiografía.

Por supuesto que este sistema no se ha implantado en España todavía, pero si el río suena, agua lleva. Una buena solución para no colaborar en esta recaudación, sería llevar una vida saludable, si nos dejan, claro.

Mayo 17, Albacete 2011

UNA DEMOCRACIA A MEDIO GAS

El compromiso que nos lleva a participar en las actividades de la vida, debe de ser autorizado por nuestro sentido común. Si en el conjunto de lo memorizado a lo largo de nuestra existencia, no encontramos razones suficientes para apoyar este compromiso, lo descartamos hasta el siguiente.

Con la política ocurre exactamente igual. Puedes congeniar en la lectura de alguno de los programas electorales que se hacen públicos de cara a las elecciones, sí, lo que ocurre es, que si comparas lo prometido con lo que realmente se ha cumplido en las legislaturas, existe un abismo.

Dentro de las leyes electorales, deberían incluirse algunas, una podría ser la que penalizase todo aquello que se prometió y no se cumplió por la mala gestión de sus gobernantes. Ya no porque se prometiera como 'humo electoralista' (que también se vende), no; sino por haberse prometido (con premeditación y alevosía) con un fin meramente electoralista; a sabiendas de su difícil aplicación en el tiempo y la forma.

Esta vez, el votante ha castigado al partido en el gobierno, y ha hecho con su decisión, que el partido mayoritario en la oposición se beneficie por una mayoría absoluta en la gestión de gobierno para esta próxima legislatura municipal y autonómica.

Esta mayoría absoluta, si la comparamos con el número total de censados con derecho a voto, tanto en Albacete como en Castilla-La Mancha no es tal. Este sistema, ignora los votos en blanco, nulos y abstenciones y no les da capacidad de maniobra en el cálculo de concejales y diputados.

En la fórmula numérica empleada para el recuento de votos, los votos en blanco y nulos se incluyen en el balance final a efectos solamente estadísticos. La repercusión de éstos, beneficia a los partidos mayoritarios y perjudica a los minoritarios, con lo cual, no son efectivos en su representación, aún siendo de protesta.

Es hora de tener en cuenta esta opción, e ir pensando en qué mecanismos hay que aplicar para controlar el sentido de ésta. Se podría aplicar una fórmula, que tuviera en cuenta: la abstención, los votos en blanco y nulos, con relación al censo total de votantes. Otra nueva ley electoral podría ser aquella que recoja el porcentaje del recuento del total de votos por apartados: abstenciones, votos en blanco, nulos y partidos políticos. Teniendo en cuenta estos porcentajes, y sabiendo que la mayoría absoluta de una cámara u otro contexto, es la mitad más uno, si ésta no se consiguiese, obligara a formar las coaliciones correspondientes para formar gobierno. La mayoría absoluta que se ha conseguido en estas elecciones es irreal a todas luces.

Mayo 18, Albacete 2011

OIGA Y USTED

Es muy peculiar escuchar entre los componentes del Partido Popular en sus discursos y entrevistas 'el oiga y el usted'. La frase puede construirse con '¡oiga usted, nosotros cumplimos!', '¡oiga! Eso es reponsabilidad de..', 'usted debe cumplir con sus deberes de ciudadano' o '¡mire usted!'.

Bien, que yo recuerde, don Manuel Fraga ya enfatizaba con estas frases; después lo secundó don José María Aznar y posteriormente todos los demás: Mariano Rajoy, Esperanza Aguirre, Alberto Ruiz Gallardón, María Dolores de Cospedal, etc. También les diré, que al señor Fraga le venía como anillo al dedo.

Este lenguaje, vuela por encima del que quisiera oír el ciudadano que necesita ayuda, cercanía, aquel que necesita resolver sus problemas con las personas que le inspiran confianza. Suena autoritario, con un matiz de 'super-superioridad' y distante ante las clases menos altas, donde ellos encajan el 'usted'.

La inteligencia junto con la humildad, la cercanía y otros valores más 'vulgares', hace a las personas utilizar lenguajes construidos con palabras más cercanas al corazón.

Naturalmente, cada cual hace 'de su capa, un sayo'. Esta forma de hablar es tan correcta como cualquier otra, pero a mí me recuerda como a despacho de Hacienda, por ejemplo.

Ellos ya pagan sus facturas por asesoramiento de imagen, en las que irán incluidos: lenguaje, gesticulación, aspecto físico, etc. Nosotros, deberíamos entender que ellos lo hacen, para que no se extingan las clases sociales.

Mayo 19, Albacete 2011

EL SUEÑO

Creí despertar una mañana, pero no pude distinguir si de verdad mi sueño había terminado. Todo era tan armonioso, tan equilibrado, tan maravilloso, que pensé que había despertado en otra dimensión.

En mi mente había una sensación extraña: me veía desde fuera de mi cuerpo; lo miraba y su cara me sonreía; era una expresión distinta de todas las que yo recordaba. Por fin, me di cuenta de estar en esa dimensión que todos soñamos alguna vez, pero que nos parece utópica, inalcanzable. Eso sí, mis pensamientos no venían cargados desde patrones mentales adquiridos, no. Solamente recibía bienestar, ganas de fundirme con los demás; ansia de formar parte de un solo ser. No había noticias de muertes inútiles en el mundo por falta de agua y alimentos; ni había diferencias sociales tan distantes; la coherencia de las personas, imperaba por encima de intereses individuales. Quizás no tenga palabras para expresar todo esto; porque entiendo que habría que aplicar otro sistema de comunicación distinto, quizás sin palabras.

Al rato desperté, y volví a la dimensión en la que vivimos, sin más. Enseguida volvió el martilleo de las promesas electorales, que casi nunca se cumplen; La Junta Electoral Central, no daba permiso a los jóvenes para seguir manifestándose pacíficamente en sus ciudades. En fin, los sueños, sueños son, y la imaginación todavía es libre.

Mayo 20, Albacete 2011

POR QUÉ VOTO EN BLANCO

Por respeto a mis hijos, he decidido votar en blanco. Nosotros, los padres de todos estos jóvenes que hoy se manifiestan en las plazas de las ciudades, confiábamos en nuestros políticos. Acudíamos a las votaciones electorales, plenamente convencidos de estar haciendo lo correcto, pensando en el futuro de nuestros hijos. Pasamos de una España oscura, a un amanecer esperanzador. Esta nuestra democracia, ha demostrado no tener el suficiente 'cuajo' para defender los derechos y las libertades de los ciudadanos, que un día, enarbolando la bandera del cambio, decidimos, unidos con el gobierno democráticamente elegido, luchar por el venidero bienestar que con este esfuerzo iríamos alcanzando. Esto fue convirtiéndose en utopía.

Los partidos políticos se han dedicado a obtener el poder, y una vez en él, sin entender las consecuencias de sus actuaciones, luchar en esos estratos inicuos para el desarrollo de la verdadera democracia. Han perdido el tiempo, demostrándose a ellos mismos sus habilidades en la vanidad de vanidades, simplemente.

El futuro de nuestros hijos está tan oscuro, como la España oscura que dejamos. Por todo esto, y por el esfuerzo que costó la integración en los países libres, me niego a seguir apoyando este sistema, el cual ha demostrado hacer aguas por muchas partes. Me uno a los jóvenes que el día 15 de mayo decidieron unirse, para luchar por todo aquello que sus padres tuvieron que sufrir pensando en construir una convivencia justa y equilibrada.

Mayo 21, Albacete 2011

EL TIEMPO, BIEN ESCASO

Nos pasamos la vida midiendo el tiempo. Creemos que cada suceso o acontecimiento de esta, ha de durar racionalmente una parte material y palpable de ese espacio, tan obsesívamente controlado. Todo está calculado y medido en siglos, años, meses, días, horas, minutos, segundos, etc.

La duración de la vida del ser humano, es irrisoria si la comparamos con otros seres, materias o componentes que nos acompañan en este escenario donde vivimos. Qué diremos de los millones de años de existencia del mundo sideral, donde las estrellas irradian de vida planetas como el nuestro; con los miles o millones de años de existencia de bosques, desiertos, mares (de agua y hielo).

En mi opinión, la gestión del tiempo que hemos de vivir, debería medirse por la cantidad de personas, viajes, paisajes, libros, o cualquier otro tipo de experiencia, que te descubra fronteras mentales tan necesarias para encontrar tu bienestar. Y una vez acabado tu periodo vital, poder estar satisfecho de haber recorrido todo ese mapa mental donde se han ido superando esas fronteras tan incómodas, que en parte te coartan la felicidad.

Quiero desde aquí honrar la muerte de mi suegro (que nos dejó hace unos días), agradeciéndole la lección que nos dio a todos, de cómo aprovechar este bien tan escaso, que es el tiempo vivido, y que él en gran parte dedicó a ese igualmente 'bien' tan importante, que es la familia. Descansa en paz.

Mayo 24, Albacete 2011

CONTUNDENCIA POLICIAL INNECESARIA

Es probable que la concentración pacífica en la Plaza de Cataluña, como en la Puerta del Sol se esté indigestando a las autoridades. Ya no saben cómo desalojarlos y argumentan problemas de insalubridad (a todas luces incierto), o ruina en los comercios aledaños, por la ocupación de accesos a sus establecimientos (no es de esta manera como lo relatan, quienes allí se manifiestan). En Barcelona, también se argumenta con el hecho de preparar dicha plaza, para la teórica celebración del triunfo de su equipo en la Copa de Europa. Vamos, que desalojamos a jóvenes que reivindican pacíficamente sus inquietudes democráticas, para dejar paso al probable 'macrobotellón' que organizarán los hinchas blaugranas.

Este movimiento de protesta, está haciendo herida en las altas esferas gubernamentales. Deberían pensar mejor sus argumentos a la hora de tomar medidas tan impopulares para el desalojo de una manifestación, que es fiel reflejo del desacuerdo en el desarrollo de esta democracia poco consolidada, que hace aguas y que está repercutiendo en el futuro de estos jóvenes manifestantes.

Quizás esa contundencia policial utilizada en el desalojo de Plaza de Cataluña y alguna otra ciudad catalana, deberían aplicarla de igual manera cuando se irrumpe en la economía de un país, hasta dejarla bajo mínimos.

Instituciones con peso específico en la economía mundial, nos auguran al menos 15 años o más para volver a niveles de empleo de los de antes de la crisis.

Mayo 27, Albacete 2011

ABIDAL ¡QUÉ GRANDE ES EL FÚTBOL!

El triunfo de la Champions League por parte del Barcelona anoche en la capital londinense, y más concretamente en el estadio de Wembley, tuvo dos grandes acontecimientos.

Por un lado, la épica hazaña de conquistar por cuarta vez este trofeo (tan grandioso para los equipos de fútbol), y por otro, y no menos magnánima, el apoyo incondicional ofrecido por los jugadores a su compañero Abidal. Hace unos meses se le descubrió una grave enfermedad, donde se le plantearon serias noticias para su salud; tanto, que todavía parece incomprensible que la fortaleza de este jugador haya superado 'fulminantemente' este trance tan delicado, hasta el punto de poder seguir con su vida normal, e incluso dentro de su equipo de fútbol. No podía ser menos, Abidal ha demostrado ser una persona con una talla excepcional, tanto en el campo con sus compañeros como con los directores de su equipo. Este jugador, con una clase física y técnica excepcional, no tienes dudas en ser tan disciplinado, como elegante; siempre está dispuesto cuando lo necesitan; nunca oiremos una palabra más alta que otra en sus manifestaciones.

Para mí, el momento más álgido dentro de las emociones de la lucha deportiva que vivimos esa noche, estuvo, cuando el capitán Puyol cedió su brazalete a su compañero Abidal para que fuera él, el que recibiera el trofeo tan merecido por todos ellos; pero desde la convicción de reconocimiento a un gran ser humano. Abidal, tus aptitudes así como tus actitudes, merecen este reconocimiento.

Enhorabuena, señor.

Mayo 29, Albacete 2011

PEPINAZO LETAL

A perro flaco, todo son pulgas. Si la crisis que padecemos necesita apoyo comunitario, sin lugar a dudas el que nos ha prestado Alemania, ha sido fundamental; pero para que no veamos la salida a nuestros paupérrimos problemas económicos.

El 'pepinazo' que nos han atribuido, haciendo responsable a esta hortaliza, como portadora de la bacteria E. coli (Escherichia coli), muy dañina para la zona intestinal de las personas, ha sido muy precipitada. Se atribuyen varias personas fallecidas por este motivo en la zona norte de Alemania (que según estudios científico-sanitarios, es más común la existencia de esa bacteria ahí, que en el sur de España). Todos estos acontecimientos están perjudicando a un sector tan importante de la agricultura española, concentrada principalmente en la zona de Almería, donde se mueven cantidades muy importantes de partidas de frutas, verduras y hortalizas, donde una parte importante de su mercado está en Europa. Se atribuyen unas pérdidas en este sector de cientos de miles de euros, acompañadas con la de puestos de trabajo (el monto total es de 300.000 puestos). La jugada de Alemania, ha paralizado concretamente por el 'pepinazo', entre 10.000 a 12.000 puestos, que se espera no continúen con sus contratos de trabajo, por el parón tan brutal originado por estos acontecimientos, además de las peonadas temporeras.

Uno no deja de pensar con recelo. Ahora, se pedirán responsabilidades al gobierno alemán, que a través de la comunidad europea deberán paliar el desastre económico producido. Pero mientras tanto, algún otro 'mercado' del sector, se podrá ver beneficiado por el bulo o 'pepinazo' que nos han adjudicado.

Estados Unidos también anuncia controles exhaustivos sobre las partidas de frutas, verdura y hortalizas procedentes de España. Estaremos en alerta, para poder saber que 'otro mercado' se ha podido beneficiar de esta artimaña.

Junio 1, Albacete 2011

EL VIAJE DE SU VIDA

Los vemos pasar por nuestro lado. Conviven en nuestra ciudad. Se les ve por los parques y jardines, sentados, tumbados en la hierba. Disfrutando de la libertad que un día cambiaron por un viaje de alto riesgo, un viaje en patera. Donde el precio de sus vidas, lo condicionaba el estado de la mar, esa mar que nos inspira la libertad absoluta cuando miramos su horizonte.

Tanto el amanecer como la puesta de sol, en el mar, es el espectáculo donde el ser humano, sueña con la grandeza de aquello donde él no interviene y por esa razón lo cataloga de algo sublime, puro, que sucede porque así lo viene haciendo desde su origen, sin intermediarios.

Estas personas que un día decidieron buscar la libertad al otro lado del horizonte de ese mar, que no les robó la vida, y les permitió conocer otras culturas, otras formas de vida y que nos acompañan en nuestras vidas diarias en las ciudades, a veces, me ponen triste. Veo en ellas, una 'morriña', una lejanía con sus familias que me deja desolado y me hace pensar si mereció la pena hacerlo.

La decisión de conocer este tipo de vida, nueva para ellos, comparada con la que tenían en sus países, mejoran indudablemente. Pero el ritmo de integración para alcanzar los niveles de aquí, dejan mucho que desear. En el sector laboral donde pueden encontrar trabajos, estos están al límite de las condiciones más elementales en los ámbitos: de salarios y condiciones de trabajo. Los vemos vendiendo accesorios y artículos de vestir en calles y paseos, preparados para huir al paso de la policía. Esto es evidente.

No son cosas que me invente yo. Esta gente (de piel algo más oscura que la nuestra), que anda por nuestras ciudades, son respetuosas, trabajadoras, y merecen que ese 'viaje de su vida' (huyendo de esas condiciones infrahumanas donde antes vivían), mejoren y progresen a ritmo humano, y no infrahumano.

Junio 2, Albacete 2011

¿ARCAS ESQUILMADAS?

El Partido Popular, ganador en las últimas elecciones a la Junta de Comunidades de Castilla-La Mancha, hace saltar las alarmas. Parece ser, que todo ello es para conseguir que le sean entregadas las cuentas por parte del gobierno saliente. Sin tener estos datos oficiales y basándose en 'oficiosos', han lanzado a los medios de comunicación titulares como: "Quiebra total"; "No hay dinero para pagar las nóminas". Estas alarmas son del estilo de: "hemos conseguido el vehículo para gobernar, sí, pero sin gasolina". Bueno, era de esperar si nos atenemos a todo lo anunciado por ellos, tanto en campaña electoral como en la legislatura pasada.

Lo que vengo a decir es, que tener 'acojonados' a los funcionarios y sus familias con no cobrar los sueldos del mes venidero, es un poco traicionero. No sé hasta qué punto esta maniobra será efectiva para conseguir esos datos oficiales; pero como dice mi madre: "doctores tiene la Iglesia", y si teniendo esa información es suficiente para cobrar, mejor que mejor. Si las arcas han quedado esquilmadas y viene la ruina más absoluta, habrá que gobernar la Junta y hacer los 'milagros' que los políticos sacan de debajo de la manga. Acudiendo a esas citas populares que circulan por las calles: "El poder será tanto para lo bueno, como para lo malo". Lo de 'arcas esquilmadas', viene a ser otro titular que el que suscribe también tiene oportunidad de hacer, para reclamar la atención de sus lectores.

Junio 4, Albacete 2011

LLEGA LA EUTANASIA

Hemos tenido épocas en que los españoles acudíamos (debido al viejo sistema de censura) a ver películas en versión original, al sur de Francia: Biarritz, San Juan de Luz, etc. También los franceses cruzarían la frontera para tomar unos chatos de vino hasta altas horas de la noche, o bien a comprar tabaco a un precio más asequible.

Ahora parece ser que podremos desplazarnos, no a Francia, sino a Suiza. En este caso no será para despertar la libido, más bien para dormirla definitivamente, gracias a una muerte digna. Me refiero a esto, porque los suizos acaban de (según referendum) dar un 'sí' rotundo a la eutanasia.

Una empresa, previa solicitud y desembolso económico, hará de la muerte un mero trámite contractual. Se podrá ser socio con una cantidad inicial (matrícula) de 160 euros y 'cómodas' cuotas mensuales de 60 euros. Claro, si esta cantidad la sumamos al seguro de decesos (para los servicios post mórtem), habrá que recalcular el presupuesto familiar. El asociado podrá elegir el día y la hora de su óbito, como el que elige darse rayos uva o acudir al dentista.

Para llegar a consumar el desenlace es requisito indispensable: "estar en plenas facultades mentales", así como una carta manuscrita con el informe del calígrafo.

El sistema que nos llevará a la finalización del contrato será un buen vaso de barbitúricos, acompañado de la música elegida y una grabación audio-visual (si se quiere). Podría ponerse de moda, colgar estos vídeos en las redes sociales.

"Coña" aparte, me parece un gran adelanto para esos casos, donde la persona ya casi no lo es, por desgracia.

Junio 6, Albacete 2011

STEVE JOBS Y SU NUBE

La marca informática Apple nos descubrió el pasado día seis un nuevo tipo de nube que los meteorólogos no tenían registrada.

El Consejero delegado señor Steve Jobs (vestido con pantalón vaquero, suéter y deportivas) apareció en San Francisco (USA) para presentar su nuevo invento: el iCloud (en castellano nube, antecedida con la i que emplea la casa). Este aparato almacenará desde el ciberespacio y de forma gratuita contenidos (en los formatos correspondientes) como: música o películas, etc.; desde aquí y de forma inalámbrica y automática desde la conexión a Internet, vía *streaming*, podrá enviarlos a cualquiera de los aparatos electrónicos de la marca. La gratuidad del almacenamiento vendrá a ser, una vez que desde la plataforma de Apple: iTunes, hayamos gestionado la compra de cualquier película o canción, y la alojemos en la 'nube'.

Resumiendo, este sistema donde el 'alma' es el nuevo sistema operativo (que habrá que instalar), llamado OS X Lion, y el 'cerebro', que es el soporte iCloud o 'nube', el cual consigue conciliar la gestión de estos almacenamientos en forma de música, películas, etc., para que sean accesibles a cualquier tipo de terminal electrónico Apple: iPhone, iPad, iMac, etc.

Como siempre, Jobs baja de su 'nube' para sorprendernos con los avances informáticos que su compañía desarrolla, dentro de otro tipo de velocidad aplicada por su filosofía en la ingeniería informática. Su 'nube' suplirá con el tiempo a los alojamientos informáticos usados hasta ahora.

Le deseamos que su salud mejore, de la misma manera que su marca.

Junio 8, Albacete 2011

BILDU

A mí, lo de Bildu (por la cantidad de veces que este grupo ha cambiado su identificación pública, así como sus iniciales), me recuerda a ese tipo de empresas creadas como sociedades con "fines poco edificantes". A sabiendas de que, por sus acciones empresariales (con premeditación y alevosía) irán a morir, y quedarán esquilmadas en dique seco, dejando deudas no recuperables. Estas personas, vuelven a iniciar nuevamente negocios en forma de sociedades legales, y que al parecer no se les puede reclamar aquellos impagos dejados. Haberlas, las hay.

Lo de Bildu, en lo que se refiere al cambio de identidad, viene a ser igual. Lo que ya no es igual, es el 'tufillo' que dan para la consecución de sus fines. Ha habido innumerables pérdidas de vidas humanas, desgarradas de la manera más vil realizadas por parte de los terroristas desalmados, sin principios, ni políticos, ni racionales que se conozcan. Sí como se dice: detrás de este grupo político existen sospechas de estar respaldados por los terroristas de siempre, malamente se van a destinar los dineros públicos y el poder para fines edificantes. Será más bien para mantener el miedo en las personas que han sido, y serán chantajeadas con estos métodos ya conocidos.

Den por hecho, que si Bildu es realmente una fuerza política creada para apoyar la paz, los primeros en apoyarlos seriamos todos. De esta manera, se abrirían esperanzas en la desaparición total del terrorismo. No estaría de más que parte del presupuesto que se les asigna, lo dedicaran a honrar de alguna manera, la memoria de las víctimas inocentes que murieron.

Si esto, sólo es el inicio de un 'rearme' de infraestructuras pasadas, el sistema vuelve a fallar.

Junio 9, Albacete 2011

CUIDADO CON EL CIBERESPACIO

El ciberespacio puede alojar una trama falsa, donde individuos con falta de personalidad y con ánimos de protagonismo, lo pueden manipular con fines, sexistas, religiosos o políticos, para darse un baño de vanidad, pura y dura.

Un ciudadano estadounidense, urdió una trama ciberespacial, haciéndose pasar por una ciudadana sirio-americana lesbiana. A través de un *blog* (que viene a ser como un diario personal en la red), la situó en Damasco capital de Siria (Oriente Próximo), en él escribía ser torturada por su condición sexual, hasta el punto de ser detenida por varias personas del régimen gubernamental. Una vez descubierta su identidad, declaro haberlo hecho por la vanidad de demostrar sus dotes de escritura. Su mujer, precisamente preparaba el doctorado sobre Siria.

Como ya conocemos, el mundo oriental anda revuelto. Esta cultura (que choca frontalmente con la de occidente), es el caldo de cultivo para ser vilipendiada desde distintos ámbitos y redes de comunicación social, que son aprovechados de una manera clandestina. El ciberespacio se convierte así, en una herramienta impersonal y de doble filo.

En las primeras excursiones que hagamos, es conveniente preparar bien el equipaje y ser previsores en el análisis de lo que nos ofrece. Al ser un mundo desconocido, podemos caer en sus 'redes'.

Muchas personas han iniciado amistad, o bien relaciones sentimentales, sin pararse a pensar que todo puede ser 'humo', y de igual manera que aparece, desaparece.

Si lo comparamos con su 'hermano mayor': el espacio real, este todavía está en 'mantillas', por lo tanto, hay que ser muy cautos en su incursión.

De igual manera que el hombre ha dejado su rastro, con la llamada: "chatarra o basura espacial" (que no deja de rodear el planeta, girando a su alrededor), también en el llamado: "ciberespacio", empieza a acumularse esta indeseada materia circundante.

Junio 13, Albacete 2011

¿NACIONALIZAR LAS CAJAS? CUANTO ANTES

El gobierno a través del Banco de España, anuncia acelerar el proceso de la nacionalización de aquellas cajas de ahorro españolas que no sean capaces de lograr su recapitalización con recursos privados. Tenían como plazo final, el día 30 de septiembre del año en curso, según fuentes de la administración.

El Fondo de Reestructuración Ordenada Bancaria (FROB), entraría a formar parte del control encargado de inyectarles las ayudas económicas necesarias, una vez que se hayan constituido como bancos, y demuestren un orden racional en su rentabilidad. Este proceso lleva unas tres semanas, donde los acreedores deben mostrar su conformidad con la operación. Estos procesos se han venido haciendo con todas las Cajas de Ahorro en los últimos meses. Algunas de ellas constituidas en bancos, ya funcionan con "normalidad".

La nacionalización, no supone ningún riesgo para el depositario o cliente de activos, sí para el accionista, que deja de percibir dividendos por sus acciones, fijándose unos plazos (que tras su recuperación) demuestren su capacidad de regeneración. Este será el momento que los accionistas vuelvan a tener ingresos por este concepto.

La normalización en la 'oxigenación' de la economía, inexorablemente debe pasar por los bancos, si la salud de estos, no es la adecuada, interviene la 'UCI' (Banco de España). Si los protocolos de actuación no funcionan, el banco desaparecerá, con pérdidas económicas de: accionistas, clientes depositarios, y como no, el Estado, que somos todos.

Junio 14, Albacete 2011

CAOS

Artur Mas, presidente de la Generalitat, dejó claro esta mañana, que los altercados producidos por los movimientos de 'indignados' en los alrededores del Parlament habían llegado al límite, y dijo literalmente: "Se han traspasado las líneas rojas". Para acceder al Parlament, utilizaron medidas excepcionales como viajar en helicóptero ('la bajada de bandera' ya costará lo suyo).

El origen de algo tan perfecto como la existencia del universo, nació desde un caos. El ser humano lo llamó: Big Bang (gran explosión). Según trabajos realizados sobre la teoría de la relatividad, el universo está en un movimiento constante. Muy recientemente se ha comprobado, que en la actualidad existe una expansión acelerada del universo, hecho no previsto originalmente en las primeras teorías, y que ha llevado a la introducción de la hipótesis adicional de la energía oscura (este tipo de materia tendría propiedades especiales que permitirían comportar la aceleración de la expansión).

Esta última hipótesis de la energía, se podría aplicar a los sistemas políticos que nos rigen actualmente. Presionan de tal manera a la población, que podría ser el origen de la aceleración en su expansión. Los 'átomos' más jóvenes de la materia, están en pie de guerra a través de agrupaciones como: 'Democracia real YA'. La presión del sistema que se está aplicando en la gobernabilidad de estos `átomos´, puede estar consiguiendo su concentración, como protesta por lo mal 'democratizados' que están. Las medidas de contención creadas para controlar estas fuerzas tan extraordinarias, es posible que no sean controladas tan fácilmente como se anuncia.

No olvidemos que el ser humano forma parte intrínseca del universo. En la composición de su cuerpo hay materias comunes. Su reacción ante presiones caóticas, puede originar fuerzas de difícil contención.

Si aplicamos esta teoría universal, queda claro que para establecer un nuevo orden, es necesario un desorden o caos.

Junio 18, Albacete 2011

JOSÉ ORTEGA CANO

La vida es el periodo de tiempo que se toma el ser humano para dar una puntuación al que se muere: "con lo bueno que era, o lo malo". Esta puntuación, se centuplica cuando el que se muere (o está en camino), ha tenido una vida pública cargadita de actos multitudinarios, de orden masivo por su profesión: torero, cantante, entre otros. Lo del torero José Ortega Cano, deja una vez más en evidencia el nivel cultural que nos gastamos en esta España tan peculiar.

Como ya se sabe de sobra por la trascendencia que en este país se le da a ciertas actividades profesionales, estas, caprichosamente se vuelven en contra cuando toca, porque así es nuestro talante mediterráneo. Este hombre, que se debate entre la vida y la muerte por las causas que ya se conocen, lleva postrado en la cama de una unidad de cuidados intensivos del Hospital de Sevilla varios días.

Su estado es más bien grave, con lo que la familia estará viviendo momentos, nada deseables para nadie. A lo que voy, es que nos gusta denostar de una forma irrespetuosa hacia personas que, no habiendo nada ilegal en su contra (ni antes, ni ahora y quizás ni después), ya lo hayamos puntuado, dejando caer correspondencias con el alcohol, las drogas y no sé qué más. Creo que Ortega Cano, se merece un gran respeto por su trayectoria profesional y social, al margen de su vida privada.

Toda esa carroña televisiva, hipócrita, se muestran hermosos, mas por dentro están llenos de huesos de muertos y de toda inmundicia, no se merecen estar apoyados por esos índices televisivos de audiencia. Dejando tanto que desear en el panorama cultural del país y que casi se convierte en el deporte nacional, después del fútbol. El respeto a las personas, es cuestión simplemente de educación. La presunción de inocencia (además de estar amparada por la ley), también lo es.

Junio 18, Albacete 2011

LA ERA BOTÍN

No hay lugar a dudas, si alguien sabe sacar rendimiento al 'vil metal', esa es la familia Botín. Al frente de una de las actuales entidades bancarias más importantes del mundo, está Emilio Botín (bisnieto, nieto, sobrino, hijo, hermano y padre de banqueros), también es Marqués consorte de O'Shea.

El poder de la banca en la economía siempre ha sido el baremo de la misma. Hoy, aparte del baremo, es la consecuencia de que muchas familias estén en una situación de precariedad, que se corresponden con otros tiempos también más precarios.

La banca ejerce muy bien el papel de abogado del diablo. A sabiendas de la adoración por parte de la sociedad de consumo al dios DINERO, la banca, la aprovecha para conseguir sus objetivos, rayando las cotas más altas de la usura. Nada que objetar a todo esto. Estamos en un sistema de libre comercio, donde cabe toda opción de libre mercado. Lo que si me gustaría resaltar es: las investigaciones abiertas por parte de la Hacienda Pública a esta familia, por el posible fraude fiscal, al haber evadido grandes cantidades de capital. Este indicio o hecho, acompañado del tono de soberbia que del Sr. Botín evidenció en las intervenciones que días pasados tuvo lugar en la junta general de accionistas del banco que él preside, nos dice de la arrogancia e influencia que estas personas tienen en la sociedad actual (con democracia o sin). Estas familias, que juegan con todas las ventajas a su favor y en honor de sus antepasados, no deberían estar involucradas en este tipo de sospechas o actos tan deleznables; que por cierto, en estos momentos, es el ejemplo contrario de como echar una mano en la crisis económica que padecemos.

Junio 20, Albacete 2011

EL DIOS DE CAMERON

David Cameron primer ministro del Reino Unido, agradece a Dios no tener que aportar un penique, para rescatar a Grecia; ellos, al no estar en la Eurozona, no están obligados a aportar más ayudas. Únicamente si el Fondo Monetario Internacional decide la ayuda, por este conducto si tendría que aportar con mucho dolor de su "corazón de león".

Su Dios, parece ser que no es el mismo que el nuestro, porque además de advertirles en su momento de no entrar en el euro, ahora, les advierte de que esta moneda también morirá bajo su forma actual. Quizás, una vez que el euro este enterrado, propongan una nueva moneda única europea, donde en su anverso o reverso llevase acuñado el Palacio de Buckingham o el Big Ben; así, su Dios y la jefa de la Iglesia de Inglaterra la botarían con beneplácito contra alguno de los barcos de su flota imperial.

El carácter inglés nos tiene tan acostumbrados a esa actitud tan flemática, que era de esperar.

Junio 21, Albacete 2011

EL VERANITO Y LAS VACACIONES

Al llegar el verano surgen nuevas actividades que podemos poner en acción. Algunas son más molestas que otras. Empezaré por las más molestas, como pueden ser: el trabajo extra de las glándulas sudoríparas provocado por los rayos solares directos al *body*, (la solución para contrarrestar esta pérdida es menos molesta, buenas jarras de cerveza fresquita). La visita inesperada de algún que otro familiar, con su jerga y sentido del humor fuera de lugar, que aprendió en un lugar de fuera. Aquí, también sube la temperatura, no la centígrada, pero sí la de la paciencia. Si se está cerca del mar, se puede optar por acompañar a este familiar al baño, y aconsejarle que se bañe donde el índice de medusas por centímetro cúbico es de importancia. Después vendrán los primeros auxilios tras el ósculo de este organismo gelatinoso; aquí, si lo preparamos bien, podremos reír a pierna suelta. Imaginar poder utilizar su pésimo sentido del humor y su jerga, para partirte en dos al notar que su testículo es del tamaño de un balón de playa, o bien su pecho si se trata de una dama. Si decidimos zambullirnos en el agua salada para practicar el buceo y disfrutar de los pececillos y otras especies acuáticas con su deambular aquí y allá, no olvidéis al salir, que podéis chocar con una señora de 150 kilos, o un extraño objeto que flota de un color con tono marrón nada agradable.

Como actividades más deseables se podrían citar por ejemplo: permitir que nuestros órganos visuales se den el gustazo de contemplar algún que otro cuerpazo bien hecho y mejor acabado, si es posible en *top less*, mejor que mejor. Si se puede hacer amistad con alguno de estos cuerpos idealizados para quedar a desayunar o a cenar (o ambas) con la puesta o la salida del astro rey, lo habremos bordado. Ah, no os olvidéis hacer unas instantáneas digitales o vídeo para colgar en las redes sociales o para enviar por sms, nuestro caché subirá de nivel.

El veranito, con los desplazamientos a otros lugares, también nos invita (como no) a degustar platos autóctonos del lugar de paso. Los placeres culinarios ocupan uno de los lugares más importantes en las vacaciones. No se olviden de llevar la tarjeta sanitaria de todos los miembros de la familia por si se nos indigesta alguno. Para el mosquito tigre, creo que los ayuntamientos ya han contratado domadores, pero es aconsejable llevar la loción antipicaduras, por si todavía no son muy expertos, o la crisis no permite su contratación.

Junio 25, Albacete 2011

EL ESTADO DE LA NACIÓN

Es de Perogrullo, el estado es muy delicado. Nuestros representantes políticos, entrado ya el verano y reunidos en el Congreso de los Diputados son capaces de reprimir su fortaleza mental y dejar que afloren emociones no muy populares en este contexto. ¿Será el calor? La emoción, como ya nos explican quienes estudian la materia, la manda nuestro cerebro rectilíneo para procurar hacer frente a algún peligro inminente, evitando así consecuencias ya vividas por nuestros ancestros, y que no traían buenas consecuencias para ellos. Por eso nos las transmitieron. También es probable que con el paso de los años, y muy a pesar nuestro, algo no definido, nos vaya avisando de que alguien pide paso; dentro de este torrente de fuerzas que algunos creen controlar. Las etapas acaban. Así funcionan las cosas en este nuestro mundo. A la inteligencia del ser humano, le viene muy bien un baño de humildad, de vez en cuando. Quizás sería mejor más a menudo, pero dejémoslo en de vez en cuando.

Está bien esto del estado de la Nación, al menos se ven gestos humanos poco habituales en estas lides. A veces ya no caben posturas electoralistas, digo yo.

Junio 28, Albacete 2011

¿Y QUÉ HAY DE LOS DEMÁS ORGULLOS?

Arrogancia, vanidad, exceso de estimación propia, que a veces es disimulable por nacer de causas nobles y virtuosas. Así define el orgullo nuestro Diccionario de la Real Academia Española.

El día del orgullo *gay*, no debería tener mayor connotación que el día de cualquier otro orgullo. Las personas que se distinguen de la mayoría, por sus ventajas o virtudes naturales, quizás estén más predispuestas a manifestarlo a los cuatro vientos. Pero claro, todavía más, cuando los sistemas políticos las han reprimido bajo el criterio de las filosofías aplicadas. También por la banalidad de lo cotidiano. La religión ha hecho el resto.

La represión sobre cualquier estado de libertad, multiplica sus efectos cuando se consigue su liberación. Socialmente, las connotaciones homosexuales se acompañan de un aparato, que se hace más visible con la plasticidad del cuerpo, hasta el punto de lo obsesivo, bajo mi criterio.

El orgullo de ser un superdotado en otras doctrinas, como en las artes, la ciencia u otros ámbitos virtuosos, no necesitan enseñar esas partes idolatradas del cuerpo, que sexualmente invitan a su práctica; aunque los tiempos ya no estén cargados de la tan cacareada inhibición y represión sexual.

Nada en contra del orgullo gay. Lo único, mucho ruido; aunque el señor Gallardón (alcalde de Madrid) les hiciera bajar la música en Chueca.

Julio 2, Albacete 2011

PONTE DE RODILLAS

La serie de televisión de dibujos animados Bob Esponja, de gran éxito entre niños y adultos, me recuerda (sólo por lo irracional, y los líos donde se mete), a los objetivos de algunos personajes de la vida real, que buscan líos en escándalos monetarios a costa de engordar la cuenta corriente. Me estoy refiriendo a la SGAE, donde el señor Teddy Bautista, presidente del Consejo de Dirección (junto a otros responsables) quedan imputados por el juez en un presunto delito continuado de apropiación indebida, de administración fraudulenta de esa sociedad y negativa o impedimento a socios de derecho de información y participación.

Yo era joven, cuando el grupo musical Los Canarios, banda de rock innovadora (con Teddy al frente), pegaban fuerte en el *hit parade* del momento con sus canciones. *'Get on Your Knees'* (ponte de rodillas) fue una de las más populares entre los quinceañeros de los 60. Con esta edad, y ante personajes tan populares (por su música y su carisma), llegas a darles un sitio preferente en la memoria. Idealizas a estas personas de tal manera, que no parece cierto lo real.

Cuando se destapan estas tramas, tan asquerosamente envilecidas con el trasfondo de la avaricia por el dinero, se desmoronan estos personajes tan admirados en la inocente juventud.

No deja de ser paradójico que el título de aquella canción que les dio dinero y fama, y que puso de rodillas a la juventud de la época, se convierta en la postura que debe adoptar él para pedir perdón a todos aquellos que fuimos sus admiradores.

Entre las ilusiones de los ilusos, guardaré la imagen de aquel señor de pelo cano, bastante envejecido, y que sólo corresponde a un disfraz; como hace Bob Esponja en su serie, para hacerle creer a su abuela que es un adulto maduro usando patillas y bombín. La realidad apesta.

Julio 5, Albacete 2011

LOS SANFERMINES

Ese torrente de masa ingente que forman los animales racionales e irracionales, en esa carrera hacia la consecución de la meta, que los avatares de la fiesta arraigaron de por vida, hace peligrar la integridad física de los participantes en este corto trayecto. Con un poco de imaginación, y través de las tomas aéreas que nos da la televisión, podríamos compararlo con el torrente de sangre, donde glóbulos rojos y blancos (indumentaria blanca y roja de sus corredores) luchan por la vida. En el caso de la carrera de los sanfermines, la vida, dentro de un conjunto de fuerzas físicas en la que los dos quieren sentirse dominadores, pende de un hilo. De milésimas de segundo. De un movimiento erróneo de cualquiera de los dos, que lo único que pretenden es seguir el protocolo perfecto que su instinto o inteligencia les advierte. Un corredor mal aleccionado, un animal que resbala, una situación inesperada, hace que esta carrera (convertida en fiesta nacional), sea la carrera por seguir vivo. La adrenalina participa de manera aventajada en estos actos tradicionales, que de generación en generación siguen haciendo historia. Una larga historia, que hace del peligro su actor principal; siendo millones de personas, los espectadores que, aún pasándolas 'canutas', no importa, porque también reclaman su merecida dosis de adrenalina, tan placentera.

Julio 7, Albacete 2011

FORMACIÓN UNIVERSITARIA ¿PARA QUÉ?

La Universidad de Castilla-La Mancha atraviesa una situación económicamente delicada. Su rector, Ernesto Martínez Ataz así lo explicó días pasados en la prensa.

Los responsables de la formación universitaria de las futuras generaciones, se tendrían que plantear, si la misma, forma o deforma.

Las personas que nos gobiernan, por lo general suelen colgar su currículum en las páginas del organismo correspondiente. Como es obvio, aparecen (entre otros datos) los estudios cursados. En algunos casos concurren varias licenciaturas. Cuantos más conocimientos, mejor; el saber no ocupa lugar. Ahora, habría que preguntarse si esta formación rigurosa, que abarca tantos años de estudios y esfuerzos, ha sido realmente bien orientada. Estas personas que han llevado a la bancarrota a nuestra Universidad (con la connivencia o no de los directivos docentes), o se han pasado por el "forro" su formación, o esta, no da la talla para enfrentarse a los problemas de libro, que teóricamente se estudian para abordar problemas de envergadura. La infraestructura del estado debe funcionar, con un buen rendimiento, por las personas que fueron formadas en las universidades.

Aquí ya no vale que: "la gestión integral pase a ser de total control de la Universidad". Porque, entonces para qué formar y educar, si se desconfía de la misma formación académica.

Julio 8, Albacete 2011

EL MAL ESTADO DEL BIENESTAR

¡Señores!, continúa el espectáculo: el bienestar, que cada vez pierde más usufructuarios, se rinde ante la crisis de la deuda en la Zona Euro.

Las autoridades económicas europeas temen, que el panorama se agrave, tras las especulaciones que se avecinan en Italia. Este país, se sumaría a: Grecia, Bélgica, Irlanda, Islandia, Portugal, Francia y España en su ya débil economía. Perjudicando así, a las infraestructuras integrales, que se solapan, en una Europa mal gestionada.

Los bancos, uno de los motores principales de esta paupérrima economía, nos demostrarán sus calificaciones en las pruebas de esfuerzo que se están realizando esta semana por parte de la Autoridad Bancaria Europea (EBA), y que mide la capacidad de resistencia ante situaciones adversas, como en la que nos encontramos. Vamos, que si comparamos esta situación a la de Fernando Alonso (nuestro corredor de fórmula I), este no pasaría la prueba si su vehículo, por mucho 'caché' que tenga la marca, no encuentra recursos suficientes para ganar la carrera, incluidas la habilidad del piloto.

Estas pruebas de esfuerzo, también se harán públicas en el *ranking* que Moody's (empresa de calificación crediticia) anunciará con sus clasificaciones, de la siguiente manera: A: "Fortaleza financiera intrínseca superior"; B: "Fuerte fortaleza financiera intrínseca"; C: "Adecuada fortaleza financiera intrínseca"; D:"Modesta fuerza intrínseca financiera, que puede necesitar algún apoyo exterior a veces"; E: "Muy modesta fuerza intrínseca financiera, con una posibilidad mayor de ayuda externa periódica". Siendo estas primeras letras del abecedario, las que hacen temblar a los estados endeudados, al fluctuar los intereses por el pago de las mismas.

"El bienestar se va a acabar"; o su estado, que ya nos lo anuncian las asambleas masivas de jóvenes con el DRY (Democracia Real Ya), que nació el 15 de mayo.

Julio 11, Albacete 2011

ASOCIACIONES JUVENILES

Me sitúo en la década que transcurre entre los años 1960 a 1970. A los jóvenes de la época, se nos presentaban asociaciones donde poder relacionarnos y hacer actividades correspondientes a estas edades. Por aquel entonces, imperaban más las de tinte político y religioso. En ellas, y aprovechando las actividades de los jóvenes: excursionismo, actividades deportivas, música, etc. se encerraba el afán de transmitir de una manera subliminal los valores morales más cotizados. Por un lado, los jóvenes, ya entrados en los veinte, hacían el papel de educadores y nos intentaban transmitir su ideología, tanto política como religiosa.

La organización Juvenil Española (O.J.E), era totalmente de creación y dirección del gobierno del régimen de aquellos años. Su estructura era del tipo militar. Había un escalafón de mandos bien urdido: jefe de escuadra, jefe de centuria, que adiestraban a los más niños (llamados flechas, arqueros y cadetes), a entender, que Franco era el segundo después de Dios, o el primero, no sé. Cuando aquellos niños veíamos, que en los eventos religiosos, el jefe del estado era custodiado bajo palio, rodeado de todas las autoridades religiosas, no lo dudábamos un segundo: Dios vestía de uniforme. Su lema era: "Vale quien sirve". Hoy me pregunto, si "servir es un honor".

Por otro lado, estaban los consejos diocesanos de Acción Católica, que la cúpula eclesial dirigía. Conforme te hacías mayor, y ante tantas preguntas que normalmente se hace la juventud, era muy normal cambiar de fuentes ideológicas y buscar las más directas. En este caso, y dado que el trasfondo principal era Dios, no había duda. Los consejos diocesanos, no anteponían a jefes de estado como en la O.J.E. De esta manera, mi pandilla decidió inscribirse en esta asociación y además, como al grupo había que darle una denominación, nos hicimos llamar: "Los Staufen". Este nombre tenía en sus raíces históricas el segundo apellido de un coronel de estado mayor de la Wehrmacht alemana, que planificó un atentado frustrado contra Hitler. Fue sentenciado y fusilado por alta traición. En nuestra pandilla apostábamos por un mundo más libre, como cualquier otra juventud. Nuestra andadura por los consejos diocesanos de Acción Católica tampoco fue muy fructífera.

Julio 13, Albacete 2011

IMÁGENES DEL MÁS ALLÁ

Cuando desapareció la Unión Soviética, también fueron aparcados (al no poder financiarse) algunos proyectos espaciales de gran interés científico. Ahora, la agencia espacial rusa lanza con éxito el Spectr-R. Se trata de un radiotelescopio ideado hace unos treinta años, llevando veinte de estos últimos en su construcción. El proyecto es muy complejo, por lo tanto, su desarrollo tecnológico como su construcción ha sido muy laboriosa. El modo de comunicación se establecerá entre dos tipos de antena: una que estará en órbita y la otra en el suelo terrestre.

Como ya se sabe, en el espacio existe actualmente el Hubble, telescopio estadounidense que sin lugar a dudas ha hecho posible ver imágenes insólitas del espacio. Bien, pues la comparación con las imágenes que podrá captar el nuevo radiotelescopio Spectr-R, aparte de que alcanzarán zonas mucho más remotas, su calidad será mil veces superior de las que se conocen hasta la fecha. El principal objetivo de este artilugio, es comprender mejor la naturaleza de los agujeros negros.

Sin lugar a dudas, uno de esos agujeros que ahora queremos observar desde cerca, dará cuenta de nuestra curiosidad (radiotelescopio incluido), y junto con el resto de la galaxia nos mandará a hacer puñetas cuando corresponda.

Julio 21, Albacete 2011

SE TRASPASA SASTRERÍA

Francisco Camps ha sacrificado su carrera política por un "quítame allá esos trajes". Con esta decisión personal, el señor Camps da carpetazo a la dudosa situación en que lo colocan ciertos sectores de la opinión pública (al margen del proceso judicial), y decide traspasar el problema originado desde una sastrería, a una posición de ciudadano de a pie entre la justicia y él.

La justicia es así. Si aplicando las leyes sobre las pruebas del sumario, esta cree oportuna la implicación de cualquier ciudadano en una causa delictiva, no hay más remedio que sufrir las consecuencias. Ya sea este señor, como cualquier otro.

La Dirección del PP agradece al señor Camps "el sacrificio realizado con ese gesto de dignidad política" y se lo remite, en forma de amarga medicina al señor Rubalcaba, invitándole a ingerirlo y de esta manera, muy sutilmente, le sugiere que imite a su trajeado expresidente de la Comunidad Valenciana y se retire por el foro.

Convertir en 'medicina' esta decisión, no viene a ser la manera más idónea, ya que no se trata de curar enfermedad alguna, pues el señor Camps niega estar enfermo. Además, las medicinas (por lo menos en nuestra región) pueden ir escaseando en las farmacias. Por lo tanto, mejor dejémoslo en una pócima.

Julio 21, Albacete 2011

AMY WINEHOUSE

La traducción por separado del apellido de Amy: '*Wine-house*', viene a decir en español "vino de la casa". En el primer Rock in Río Madrid, celebrado en Arganda del Rey en julio de 2008, su aliado del escenario de aquel concierto fue una copa de vino, que como un talismán, sostenía en su mano sin abandonarla un instante. España, país de buenos vinos, pudo ser la referencia que Amy utilizó para hacer honor a sus bodegas, así como aprovechar la ingesta de alcohol, de la que ella gustaba acompañarse en el escenario, y que mezclada con alguna que otra sustancia, le transportaba a ese momento de éxtasis.

Su voz profunda, que contrastaba con su delicada imagen, sus tatuajes y sus mini-vestidos, nos dejó a todos atónitos, dentro de esa trayectoria meteórica que supo ganarse en el mundo de la música *soul*.

Quizás la juventud, valentía y la influencia de las personas cercanas a ella que no supieron poner límites entre el "mundo real" y el mundo que ellos creían controlar, hayan sido las causas de que Amy, con veintisiete años, haya aparecido sin vida el pasado 23 de julio, en su apartamento londinense en Camdem, donde residía.

Descanse en paz.

Julio 24, Albacete 2011

ODIO ENTRE RAZAS

Noruega es un país que desde la II Guerra Mundial ha experimentado un desarrollo modélico en los sectores: político, económico, industrial y social. Esto, ha quedado demostrado con la buena gestión realizada en la explotación de sus recursos naturales como: petróleo, gas, minerales, pesca, silvicultura, a la par de su industria. De esta manera, ha conseguido ser uno de los países más ricos del mundo, como así lo indica su PIB.

La noticia conmocionó a todo el mundo: un individuo definido como islamófobo, con tendencia ultraderechista, masacró la vida de 76 personas; muchos de ellos, jóvenes trabajadores del partido laborista (enemigos de guerra para Anders Behring Breivik). Los sistemas empleados para acabar con la vida de todas estas personas, fueron concebidos desde una mente 'enajenada', disciplinada, con una logística militar avanzada, que facilitó el éxito de su criminal actuación, poniendo en apuros a la policía noruega.

Países como Noruega, dan cabida a este tipo de individuos, que campan a sus anchas, aprovechando el nivel garantizado de libertad; anclados en ideas y actuaciones históricas de corte xenófobo, como las utilizadas por Hitler contra los judíos. En este caso, el odio se manifiesta en contra de los musulmanes, matando a sus bienhechores como venganza dictada por su enajenación.

Las tragedias (por desgracia), ponen en marcha nuevos sistemas, que son inversamente proporcionales a los objetivos que nos llevan a los sueños conseguidos, como son: el bienestar y la libertad; y que son convertidos en mayores controles de seguridad en los sistemas policiales.

Julio 26, Albacete 2011

ESTIMACIÓN DE VOTO

Estamos hartos de escuchar a través de los medios de comunicación, la consabida frase: "si las elecciones se celebrasen ahora, el partido político ganador sería: bla, bla...". Es fácil pensar que el estudio de esta estimación electoral, la debe hacer una empresa que se juega su continuidad, si los datos contrastados no vienen de fuentes fiables, o son mal gestionados.

Lo que a mí me gustaría saber es, que si estas empresas, que aplican fórmulas matemáticas para contrastar el flujo de la información recibida, son capaces de aislar demoscópicamente el porcentaje de incultura, indecisión, cambios de chaqueta y votos de castigo que caracteriza a una sociedad como la nuestra.

Me da mucha risa cada vez que salen estas estimaciones, porque en ciertos sectores políticos, ponen en marcha las dosis de prepotencia necesarias, para estirar el cuello mientras que dura la noticia. Momentos ilusorios nos hacen falta en el día a día, para quienes basamos gran parte de lo que hoy se cuece en esta sociedad en datos estadísticos.

Sí por esto fuera, podríamos crear empresas que estimen las estimaciones de los estimados; ahorrando a los ciudadanos del censo electoral, acudir a los colegios con la papeleta y el carné de identidad. Podría sorprendernos el recibir un sms en nuestro móvil, donde se nos informase de que: "En su primera estimación de voto, usted era del partido A, pero demoscópicamente su voto pasará al partido B". Se siente.

Julio 27, Albacete 2011

PUNTO DE ENCUENTRO: LA CÁRCEL

Aunque el proceso judicial advertía de su costoso y arduo desenlace; al final y después de un año para redactar la sentencia, la Audiencia de Barcelona, en fallo público (que se leyó ante una gran expectación), informa del resultado de la misma en el ya conocido caso: "Hacienda". Si hacemos memoria, recordaremos que en el año 2001 fueron intervenidas las oficinas del grupo inmobiliario Núñez y Navarro, así como su domicilio particular. Se recogieron pruebas, donde quedaron demostradas que el fraude fiscal campaba a sus anchas a modo de: recalificaciones, precios multiplicados, sobornos, cohecho, falsedad documental y extorsiones.

De las dieciséis personas acusadas, todas ellas conocedoras del funcionamiento de las leyes y de reconocido peso específico en Cataluña, catorce han sido condenadas.

Los constructores José Luis Núñez Clemente (expresidente del FC Barcelona) y su hijo José Luis Núñez Navarro, son condenados a 6 años. Josep María Huguet (exjefe de la Inspección de Hacienda en Cataluña) 13 años. Manuel Abella y Álvaro Pernas (exinspectores de Hacienda) 11 y 12 años respectivamente. Roger Bergua (exinspector adjunto regional de Hacienda) 9 años. Juan José Folchi (Abogado) 7 años. Salvador Sánchez Guiu (responsable del departamento de gestión de impuestos del grupo Núñez y Navarro) 6 años. Asimismo, el que fue candidato de Alianza Popular a la Generalitat en 1984, Eduardo Bueno, y el exdirectivo de Ibusa Francisco Colomar han sido condenados a 2 años de cárcel cada uno por un delito de falsedad documental; el resto de condenas recayeron (entre otros, solo con multa) en Juan Antonio Sánchez 2 años. El financiero Javier de la Rosa y su asesor Jorge Oller, han sido absueltos de todos los cargos. En total, la petición de años de cárcel suma 76 años, que viene a ser algo menos que la esperanza de vida de un varón en España.

Las cárceles se están convirtiendo en puntos de encuentro, donde personalidades con rangos de poder, que una vez instalados en sus posiciones aventajadas, no supieron poner límite a su exacerbada avaricia. Estos 'puntos', tanto en universidades, aeropuertos, estaciones de pasajeros, etc., se idearon para reunir a las personas que necesitan información puntual o adicional. Los puntos de encuentro, como puede ser la cárcel, son para informar de que: las leyes están para cumplirlas, y a mayor responsabilidad del delito, mayor deberá ser el peso de la misma.

Como siempre, el inexorable paso del tiempo nos dirá, si estas penas se verán consumadas, o por el contrario el tiempo empleado en su aplicación fue baldío.

Julio 29, Albacete 2011

20-N

Se asomó a la luz, y su sombra desapareció.

Julio 30, Albacete 2011

CÓCTEL PELIGROSO

No cabe duda, si basamos la diversión en desinhibirse con el alcohol y las drogas, los resultados (a veces) pueden producir agresividad hasta límites insospechados.

Hace pocas noches, de madrugada, me despertó el grito de una chica joven. Aunque uno ya está acostumbrado al bullicio que se origina en los 'botellones'. Ese grito, acompañado posteriormente con un llanto de impotencia, fue el motivo para levantarme de la cama y poder ver que ocurría. Los hechos sucedieron en escasos minutos. En la calle había una pareja, ella de rodillas le suplicaba que la dejara en paz, él, la increpaba a que le escuchara sin opción a diálogo. La actitud de semejante energúmeno anunciaba violencia. Así fue, en un momento de su tozudez y al no desistir la chica, él la agredió, ella que estaba de rodillas, fue a caer tumbada al suelo, golpeándose la cabeza. En ese momento busqué el teléfono para avisar a la policía. Cuando estaba llamando, vi que alguien le prestó ayuda para levantarla, y caminando a buen ritmo, desaparecieron entre la multitud de jóvenes. Colgué el teléfono, pues toda la ansiedad de avisar a la policía, se esfumó en décimas de segundo. Ojalá que la chica acudiera a comisaría a poner la denuncia.

La sangre me hervía, y esa noche quizás, añoré no poder convertirme en Superman o Spiderman, y partirle la cara a ese "pobre chico" que, sabía de las consecuencias de su agresión. En un momento de su ira gritó a la chica: "sé que me puede costar la cárcel". Por lo tanto, pudo más el efecto del alcohol y demás sustancias que su sentido común.

Al hilo de lo que relato, hace pocos días leía la esquela (que enviaron unos amigos a la prensa) de un joven donostiarra que murió en Ibiza al lanzarse al agua en un sitio poco profundo, golpeándose la cabeza y produciéndole la muerte. Así rezaba:" Yo (su nombre), os invito hoy a mi última *fiestuki* en la Iglesia de San Marcial a las siete y media de la tarde. Abstenerse gente triste".

Si esta es la juerga que los jóvenes entienden, pues nada, que no se corten y sigan poniendo en peligro sus vidas, gracias a sus amigos: el alcohol y las drogas.

Agosto 2, Albacete 2011

CUMPLEAÑOS DE CONCHI

Una nueva vida asomó al mundo, ¡pero qué vida! Todavía hoy, después de 30 años, el amor y la pasión por mi hija siguen incorruptos; a la vez que van en aumento. Cuando me vienen esos recuerdos puros de la niñez, mi emoción es incontenible.

Te deseo los mejor que se pueda desear. Hoy, por tu cumpleaños, pero da igual. Estos sentimientos tan puros me acompañan siempre, en todo momento.

Muchas felicidades cariño.

Agosto 4, Albacete 2011

¿LA CONSTITUCIÓN AVALA LA LIBERTAD?

La Constitución española se creó para hacer más libres a sus ciudadanos, y no solo a los políticos.

Pues nada, como no quedaba a quien responsabilizar de los desatinos económicos de nuestros políticos, ahora van, y sin contar con los que votamos para ser más libres, se pasan por el forro el referéndum, y nuestra opinión no es necesaria; y aquí no pasa nada.

Como aquí nadie se hace responsable de la mala praxis económica realizada en las correspondientes legislaturas; sin pedirnos permiso, se añaden o se modifican artículos en la Constitución y asunto arreglado.

Los partidos políticos mayoritarios, han tomado esta decisión, no solo por la exigencia protocolizada de la Unión Europea, no; también de esta manera se exonera la responsabilidad de las pérdidas sociales que se puedan originar con estas fórmulas, y la Constitución será la culpable. Bueno, de la misma manera que se han puesto de acuerdo para realizar esta maniobra, también se pondrán si hay que eliminarla, y aquí paz y después gloria.

La casta de nuestros políticos deja mucho que desear. Quizás deberíamos pensar en el sistema de castas hindúes, para perpetuar a la de algunos de ellos, y de esta manera que no puedan ejercer como tales.

Junio 14, Albacete 2011

METAMORFOSIS

La metamorfosis que está ocurriendo en el tejido económico mundial, causa estragos en la forma de vida habitual; hasta provocar la agonía del sistema anterior. De esta manera, el nuevo sistema emergente, deja atrás su estado anterior con todas las consecuencias; de la misma manera que una larva se transforma en insecto.

¿Quiénes sufren las consecuencias de esta metamorfosis? aquellos para quien se diseñaron. ¿Y quiénes son? pues menos los 'ricos, ricos' (aquellos que viven de los intereses de los intereses), todos los demás, en proporción a su pobreza.

Todas aquellas personas o empresas que entran a formar parte del PIB de un país, y que por su trabajo y esfuerzo, colaboran en el bienestar de una economía saneada, serán los que pagarán las consecuencias de las metamorfosis que se impondrán desde las altas esferas de los ricos, ricos.

Responsables: el diccionario de la lengua nos lo dice claro, cuando define en su segundo apartado de la palabra metamorfosis: "Mudanza que hace alguien o algo de un estado a otro, como de la avaricia a la libertad o de la pobreza a la riqueza".

Desgraciadamente, los políticos, por muy buenas maneras que apunten en sus programas electorales, se encuentran con los escollos que se les plantea cuando los 'ricos, ricos' hacen virar la nave 360 grados.

Ahora son los farmacéuticos; antes fueron las empresas inmobiliarias (con las empresas auxiliares que trabajaban para estas), autónomos, bueno, y un sinfín de industrias desaparecidas. Ah, y los trabajadores de este país (empleados, obreros, funcionarios), que llevan años sufriendo los recortes salariales, que por imperativo legal les fueron aplicados, y que algún día esperan ver, que al menos estas medidas, han servido para levantar la economía de su país. Los cinco millones de parados españoles, no tiene pinta de que vayan a sufrir ningún tipo de metamorfosis o cambio, por desgracia.

Septiembre 7, Albacete 2011

AIRES DE FERIA

Las crisis materialistas, aunque tan voraces, no pueden cambiar los vientos envolventes que nos trae nuestra Feria. Esos vientos perfumados, con aromas de fiesta popular. No sé con qué fuerza soplan este año, lo que si sé, es que la fuerza que los mueve, nada tiene que ver con el origen de esas crisis económicas, que se mueven en los mercados del vil metal. Queda demostrado cada año, con la gran afluencia de gentes distintas, que convergen por los reales de esta Feria, única en nuestra querida piel de toro.

Los ciudadanos de Albacete sabemos distinguir muy bien que, los rumbos de esta crisis que sufrimos, son provocados por otros espíritus, que nada tienen que ver, con esos otros que nos mantiene unidos a todos los albaceteños en estas fechas. Cómo no, gracias a nuestros antepasados, que nos supieron transmitir el valor intrínseco de lo auténtico; claro, con el consentimiento de nuestra Virgen de los LLanos.

¡Viva la Feria, la Virgen de los Llanos y la madre que nos parió!

Septiembre 11, Albacete 2011

GRECIA SE HUNDE

¡Qué pena! La cuna de la civilización occidental se hunde. Grecia, que nos descubrió: la democracia, la filosofía, las matemáticas, la literatura, el teatro y muchas más disciplinas, no puede aguantar el intrépido ritmo de los mercados económicos, con su entrada en la Unión Europea. Porque, a pesar de las drásticas medidas que ha tomado su gobierno, no son suficientes para responder a los pagos de su deuda. La Unión Europea se encuentra con muchas dificultades para que el gobierno griego reactive su economía, por lo tanto, no solo peligra Grecia, sino la Zona Euro.

¿Se creó el euro para hacer crecer la economía de sus socios? Tal vez fue una subida de grandilocuencia, simplemente para hacer frente a los mercados más poderosos. No habiendo calculado otro tipo de riesgos, como pueden ser aquellos agentes que hacen fluctuar el PIB de las economías de cada país: precio del petróleo, hipotecas basura, burbuja inmobiliaria, etc., y que no fueron incluidos en los estudios de los patrones necesarios para la progresión económica.

Por otro lado, empresas para refinanciar las deudas no faltan. Hasta ahora. Estas mismas empresas están temblando, cuando ven que Grecia se hunde, y el capital prestado peligra. Es el caso de los bancos franceses que compraron deuda por valor de 30.000 millones de euros. La solución que les queda, *in extremis*, no es otra que aplazar el pago de la misma. En este caso les han concedido 30 años.

Thales de Mileto, Pitágoras, Euclides, Arquímedes, grandes matemáticos griegos, no darían 'crédito' de cómo ha terminado la cuna de la civilización, habiendo sido ellos los que aplicaron patrones para solucionar problemas.

Septiembre 14, Albacete 2011

LOS INDECISOS

Estamos a dos meses escasos de los nuevos comicios del 20 de noviembre; fecha que, a la vez puede llevar mensaje subliminal.

Dicen que el señor Rubalcaba anda buscando con ahínco el voto de 3,5 millones de almas empadronadas e indecisas. Claro, estas, según dice él y su partido, son aproximadamente el 30% de las que anteriormente votaron a José Luis Rodríguez Zapatero y que, tras el fiasco con el que anticipadamente acaba (incluida Rubalcaba) la legislatura, andan buscando un nuevo líder en quien confiar.

La última maniobra que plantea el señor Rubalcaba, y su partido, es: "ingeniar la forma de convencer a aquellas personas desilusionadas, que a última hora decidirán su voto". Esto, evidencia explícitamente, que se trata del último cartucho que les queda en la recámara, y que lógicamente agotarán.

El panorama político ha dado la vuelta de tal manera, que esos votos indecisos, podrán cambiar de color o se esfumarán, como lo hacen los fuegos artificiales.

El pueblo español deberá dar la respuesta el 20-N, esperemos que con decisión.

Septiembre 21, Albacete 2011

FLORENTINHO

La Asamblea del Real Madrid que se celebró el pasado domingo nos descubrió que existen otros nuevos 'valores' para dirigir a este emblemático club; y que nada tienen que ver con el señorío, la clase y el saber estar postulados una y mil veces por todos los directivos que han desfilado a lo largo de su historia.

Los nuevos pilares que expuso 'Florentinho' para conseguir que su club vuelva a brillar con luz propia son: José Mourinho, que no solo es el mejor entrenador del mundo, sino que a la vez es una de las personas que realmente siente en su corazón el madridismo hasta la médula. Los motivos reales de los fracasos deportivos del Real Madrid, no se atribuyen a José Mourinho y sus jugadores, no, según las palabras de su presidente: "son consecuencia de factores externos que nada tienen que ver con la gestión integral del club, los árbitros, el boicot de los recogepelotas, los camilleros". Ah, y la prensa, que no hace otra cosa que cizañar a socios y jugadores, con su actitud de acoso y derribo.

El señor Florentino Pérez ha denotado su disposición incondicional hacia el valor más fuerte por el que apostó: "Mou"; y que por otro lado, nada tiene que ver con la capacidad de retórica y elocuencia que el señor Jorge Valdano facilitaba. Se ha pasado a denostar otros valores, más cercanos al puro estilo Maquinavaja.

Dice mucho de las personas relevantes su actitud con los medios de comunicación. No está mal desdecirse de las declaraciones hechas en momentos de presión, que nada tienen que ver con la labor profesional que ejerce la prensa deportiva.

Si el madridismo confía plenamente en el hacer de su presidente, el madridismo, de la misma manera pondrá los puntos sobre las íes cuando sea necesario; y se adivina que para ganar copas deportivas, son válidas otras aptitudes que para nada encajan con los modales éticos y emblemáticos del Real Madrid.

Septiembre 26, Albacete 2011

SCARLETT Y LA CIENCIA

Los científicos del CERN (Centro Europeo de Investigación Nuclear), dudan si viaja más rápido esa diminuta partícula llamada neutrino, o las fotos en pelotas de la conocida diva de las pantallas de hoy, Scarlett Johansson.

Sin introducirme en aspectos técnicos de la física nuclear o cuántica, lo que sí es evidente, es que, cada elemento que compone la materia en movimiento, en su desplazamiento hace aumentar su velocidad por el incremento de esa misma materia, o algo así.

El neutrino (tras las pruebas realizadas en el túnel de 730 km de distancia que va, desde la ciudad suiza de Ginebra hasta el centro de Italia), es posible que utilice atajos dimensionales desconocidos todavía. Así, de esta manera, consiga ganar de una manera aventajada a las partículas de la luz por escasos segundos en la distancia medida.

El trasero de Scarlett nos llega a gran velocidad, gracias a esa dimensión creada por el hombre, y que son las tecnologías informáticas y de telefonía que se han descubierto relativamente hace poco tiempo. Todo ello acompañado de la celeridad con la que ciertos especuladores lanzan esas imágenes por la vía rápida.

Si gracias al descubrimiento del neutrino, se descubriera el sistema de viajar al pasado, no me importaría hacerlo, eso sí, intentando ponerme en contacto con Einstein. Hablaríamos del neutrino, seguro, pero también le llevaría las fotos pirateadas de Scarlett. Seguro que ambas informaciones le agradarían.

Septiembre 29, Albacete 2011

DESDE LA HUMILDAD
MARGARITA CULLELL TÓRTOLA

Llevo trabajando desde los 17 años. Estoy casada desde hace 31. Tenemos tres hijos. Mi marido y yo apostamos por crear una familia (decisión valiente y atrevida), y de esta manera integrarnos en el ritmo de la sociedad de aquella época.

La juventud, el apoyo de la familia, el carácter cordial arraigado de nuestros padres; y sobre todo la idea inequívoca de estar en una sociedad de progreso, con la confianza plena puesta en nuestros regidores políticos, nos hizo andar el camino con esperanza, para nosotros y nuestros hijos.

El panorama ha cambiado totalmente. Después de 38 años trabajando, no solo hemos perdido (desde hace bastantes años) poder adquisitivo y recortes en las remuneraciones salariales; es que además, se nos exige mayor celeridad en el desarrollo de los protocolos laborales. A veces pienso en las personas jóvenes, sin trabajo, deprimidas, sin ganas de luchar. Aquellas que se quieren comer el mundo, porque así es, por naturaleza. Al contrastarlo con todos los años de trabajo que llevo a mis espaldas (harta de trabajar), y la de estos jóvenes deprimidos por todo lo contrario, me lleva a la incomprensión del sistema que nos gobierna.

Es normal que el estado de ánimo de las personas como yo, vaya en declive, por todo lo anterior, y a la vez pensando que, el panorama laboral de nuestros hijos deja mucho que desear.

Las noticias de los medios de comunicación, nos bombardean todos los días con informaciones de ruinas: económicas, financieras, inmobiliarias, laborales, morales y para que seguir...

En mi nostalgia, seguiré pensando en aquella persona iluminada y visionaria que, si Dios quiere, sea capaz de poner orden a este caos.

Octubre 5, Albacete 2011

GRACIAS, STEVE JOBS

La persona que consigue hacer lo sencillo, sublime; aparte de su magnificencia, nos deja su disfrute para siempre. Es el caso de Steve Jobs, alma, corazón e ingenio de la compañía Apple, que nos ha dejado (gracias a su visión adelantada) una amplia gama de exquisitos aparatos informáticos. Desde sus inicios en la informática (en aquel mítico garaje), Jobs apostó por mantener un estilo propio, el cual utilizó para el desarrollo y la construcción de sus terminales informáticos. A lo largo de la historia del arte, pintores, arquitectos, diseñadores, escultores, etcétera, han destacado por la forma de dar valor a conceptos no captados por los demás. Ahora, habrá que añadir como un arte más, ese concepto que Steve nos ha dejado.

Dentro de la dualidad *hardware* (partes tangibles), como *software* (soporte lógico) de un terminal informático, la marca Appel (en competencia con otras compañías), nos ha deleitado con la exquisitez y la elegancia de esa 'manzana' tan apetitosa, que la marca nos ha dejado paladear. Gracias a la filosofía de su creador, basada en la sencillez de manejo, en un entorno de hecho nada sencillo, él si lo consiguió. Las ventajas informáticas de Apple son claramente reconocidas por los ámbitos más vanguardistas de este mundo en concreto.

La vida humana es efímera; pero este tipo de personas, dan por sentado que, la vida es para vivirla intensamente. Desgraciadamente la gran mayoría la dejamos pasar. Steve, gracias a sus capacidades por encima de la media, nos deja abierto el camino, y nos anima a disfrutar de aquello que más nos llene.

El enigma de la muerte otra vez más, nos hace incomprensible del porqué nuestro amigo Steve Jobs, persona todavía necesaria, debe marcharse de este mundo adelantadamente.

Gracias por habernos hecho la vida más fácil con tu ingenio maravilloso. Descansa en paz.

Octubre 8, Albacete 2011

POLÍTICOS Y 'POLÍTICAS'

El candidato a presidente señor Rubalcaba está haciendo una remodelación de las personas que se presentarán por su partido en los comicios del día 20-N; que por cierto, nos anuncia al menos 20 féminas como cabezas de cartel para el Congreso, y entre 18 y 19 para el Senado. Se adivina con esta maniobra, dar mayor protagonismo a la mujer; que a la vez de no haber alcanzado todavía los objetivos (tan soñados) de igualdad social respecto a los hombres, tanto en salarios, puestos relevantes a nivel directivo, así como desempleo. También (y aquí viene el mensaje) porque el índice de casos abiertos en acciones judiciales por *corruptelas*, todavía son insignificantes con relación al sexo contrario, y claro, esta opción convierte a sus candidatas como en más 'asépticas' para los votantes.

La oficina de información del Partido Popular a través del Comité Electoral Nacional nos anuncia a sus 52 cabezas de lista para el Congreso, donde 15 son mujeres y 37 varones, de ellos 25 son nuevos candidatos. Del Senado no dan datos.

Como ya es sabido, en política cabe todo. Lo de apostar cada vez más por proponer a mujeres, nunca mejor dicho es:"políticamente correcto". Nos dice la experiencia a lo largo de las anteriores legislaturas que, tampoco ha habido una mujer capaz de resolver las debacles originadas por sus gobernantes de forma contundente. Las señoras Merkel, Clinton, en su día Margaret Thatcher, etcétera, sí que han venido demostrando liderazgo.

Ahí quedó (por citar algún caso), la renuncia que Carmen Chacón, ministra de Defensa, en una decisión "individual y autónoma" de no concurrir a las primarias de su partido en mayo pasado, para no provocar su fractura. ¿Nos lo creemos?

Mujeres sí, pero con carácter y menos sumisas.

Como es fácil de comprender, el problema que se avecina para el próximo gobierno, necesita mucha 'mano de obra', y de todos los sexos. El cambio en la economía de nuestro país ha dado un giro tan radical que, las bases para su resurgimiento, nada tienen que ver con la rentabilidad de aquel 'ladrillo de oro' que enriqueció como siempre a los del 'pelotazo'. Por lo tanto, será un buen momento para demostrar la validez de nuestros políticos y políticas.

Octubre 13, Albacete 2011

LA CALLE TEJARES DE ALBACETE

Lo del pavimento de esta calle, es de juzgado de guardia. Es posible que necesitemos (en serio) hacer una denuncia en regla por el estado tan lamentable que presenta el entramado de adoquines de esta calle que, en su día y para su pavimentación, algún 'adoquín', decidió utilizar en el proyecto de remodelación de la susodicha.

Como ya es sabido por todos los viandantes de esta ciudad, caminar por esta calle, es como caminar por arenas movedizas. La mayoría de las piezas que componen su pavimento están sueltas y bañadas en aguas pantanosas.

Los inevitables tropezones que provoca este rompecabezas en movimiento, es probable que provoque la caída y el viandante vaya a dar con la crisma en el suelo. A partir de aquí, esto ya no es para tomar a broma. También, y para todas aquellas personas que decididamente caminan hacia la iglesia de San José (porque llegan tarde a la ceremonia de la boda que tantas horas y dinero les ha llevado en su preparación) puede que el estado de la callecita les estropee sus "galas". Puede que al salpicar el barrillo que, al pisar con garbo, le sale disparado de esos adoquines con los que, el 'adoquín' y alguna lumbrera más, decidieron engalanar esta calle.

Pues nada, o esta calle está abandonada de la mano de Dios, o su solución debe ser estudio con categoría de obra de envergadura, que quizás para su solución, haya que pedir cita con algún famoso ingeniero de caminos.

Ya sin guasa, arquitectos, aparejadores o simplemente un maestro de obras, como componentes de la plantilla del Ayuntamiento deberán ser capaces de dar solución a esta chapuza.

Esto no es de ahora. La calle de Tejares, tan concurrida por sus ciudadanos por el ambiente de terrazas (tanto en verano como invierno), no encuentra el momento para su solución. Por recaudación de impuestos que ingresan sus comerciantes no creo que sea, ¿no?

Confiemos en que, pidiendo su solución a través de estos medios, consigamos que nos escuchen donde corresponda y veamos acondicionada esta calle con la categoría que se merece.

Octubre 16, Albacete 2011

LA CAJA DE PANDORA

Ateniéndonos a la mitología griega, "La caja de Pandora" era un recipiente que contenía todos los males que aquejaban a la humanidad.

Hoy, parte de esos males y en el orden económico, los han albergado las cajas, no de Pandora, pero sí las de ahorros de toda la vida.

Como ya es sabido, algunas de estas entidades tuvieron que ser rescatadas por el Fondo de Reestructuración Ordenada Bancaria (FROB) por el estado tan lamentable de sus balances, los cuales anunciaban malos augurios para la continuidad de las mismas. Todo ello, gracias a la 'eficiente' gestión realizada por sus directores generales, y que algunos de ellos buscaron el beneficio propio, falseando cuentas y realizando una gestión más que deficiente.

Podemos citar como ejemplo: Caja Castilla-La Mancha, Caja de Ahorros del Mediterráneo, donde algunos de sus directivos rinden cuentas ante la justicia. Según las informaciones se favorecería a empresas de "amiguetes", donde el entramado era "el sueño dorado de sembrar dinero, para luego recoger la cosecha y hacer reparto". El aeropuerto de Ciudad Real viene a dar los síntomas de este tipo de actuaciones.

El colmo de los colmos viene en una noticia de última hora, donde, María Dolores Amorós, exdirectora general de la Caja de Ahorros del Mediterráneo, está tramitando la solicitud para la prestación por desempleo, ante el Servicio Valenciano de Formación y Empleo.

Esto es la monda. A pesar del 'sueldazo' que ha disfrutado (inmerecidamente) durante todos estos años al frente de la CAM, la pensión vitalicia que recibirá al jubilarse (sobre 370.000 euros) y alguna otra 'jugarreta', que estará escondida en el fondo del mar. Esta señora, solicita la prestación por desempleo; cuando ha dejado en la calle a cientos de trabajadores bancarios, y cuya repercusión viene directamente ligada a la prepotencia, la mala gestión y el enriquecimiento propio por la avaricia de estas personas. Ah, eso sí, todo ello aderezado con la hipocresía de esta sociedad que, por cierto, ya va necesitando un cambio de 'plumero', o simplemente honradez y buena praxis.

Octubre 18, Albacete 2011

CALOR, FRIO, POLVO Y GAS

Hace unos días, astrónomos de la Universidad de Hawái nos presentaron la foto de un planeta durante su formación. Las condiciones para que este fenómeno se dé, son extremas. Espacios donde la vida humana jamás prosperaría, como son: el contraste inaguantable de temperaturas de millones de grados, tanto de calor como de frío, partículas cósmicas de polvo, gas, etcétera. Estas son las mismas sufridas por nuestro planeta para cedernos ese espacio dentro del 'espacio', donde no dejamos de pensar en el origen de nuestra existencia.

Con la frase: "somos de dónde venimos", los humanos que habitamos esta parte del cosmos, nos empeñamos en mantener nuestro origen; es decir, que nos parece inevitable tener que 'liarla', para después, poner la solución correspondiente.

¿Para disfrutar de un orden, hay que partir de un caos?

Puede que el binomio sea existencialmente correcto, o al menos así parece. No se nos planteó de esta manera en nuestra educación, donde el caos era una constante que no debía producirse.

Es hora de aprender a desaprender, como ya nos han advertido personas elocuentes dedicadas al estudio de la psicología y la mente humana.

Estamos en tiempos algo caóticos. Empleando la reflexión expuesta anteriormente, no debería de preocuparnos tanto esta crisis (económica, existencial...), pues el paso siguiente, sería el orden, donde el mismo proceso caótico nos dirige.

Calor, frío, 'polvo' y gas son condiciones que también utilizamos a diario los humanos para subsistir y procrear. Qué curioso.

Octubre 20, Albacete 2011

ETA ¿PALABRAS?

Las palabras se las lleva el viento. Tres encapuchados en nombre de ETA anuncian, en un lenguaje más frío que el hielo, que su organización está dispuesta a partir de ahora a 'no matar por matar''. Quieren poner encima de la mesa, junto con los gobiernos de Francia y España que, ellos al proponer la desaparición como grupo paramilitar, necesitan el reconocimiento oficial de estos países con algún tipo de documento que diga: "que son ellos los que dan el primer paso para proponer la paz", y que la contabilidad de las personas que fueron asesinadas (eso sí, en un contexto acorde a sus principios), se regularice con las cuentas a cero.

Estamos acostumbrados a los comunicados de ETA. La credibilidad de personas que no dan la cara, y que nunca cumplieron esos falsos comunicados, no puede llegar a emocionarnos pensando en el fin de la banda.

"Obras son amores y no buenas razones". El refranero popular siempre acierta. Mientras que las personas que componen la banda terrorista no se entreguen, ellos y el arsenal de armas de que disponen, malamente podemos pensar que esto ya ha terminado.

El primer comunicado que deberían hacer, para ser condescendientes con las personas asesinadas injustamente, sería reconocer la inutilidad de sus muertes.

Si hacen un balance con la sinceridad por delante, comprobaran que, de los años que han estado en la 'lucha', solo ha habido muertes inútiles, que no han mejorado para nada sus difuminadas ideas político-militares.

Nada que decir del momento coyuntural de los comicios. Si ETA desapareciera, el mundo entero respiraría un aire más fresco; pero los familiares de las víctimas lo respirarían más puro,

Octubre 22, Albacete 2011

COOPERANTES

En la actualidad hay un impacto mediático con el secuestro de personas valientes que, habiendo decidido compartir sus vidas en tareas humanitarias en el tercer mundo a través de organizaciones no gubernamentales, financiadas por capital privado, se convierten en el blanco ideal para lograr, otro de los objetivos más bajos de la raza humana, como es la extorsión. En este caso, se convierten en presa fácil para conseguir dinero de la misma condición.

Como ya es sabido por los medios de comunicación, diez días después del secuestro en Kenia de dos de sus cooperantes enrolados en Médicos sin Fronteras: Blanca y Monserrat, el sábado pasado corrieron la misma suerte en Rabuni, asentamiento saharaui en el sudoeste de Argelia: Ainhoa y Enric, había además una chica italiana llamada Rossella. Estos secuestros ya comenzaron de manera organizada en el mes de noviembre de 2009, donde fueron secuestrados en Mauritania: Albert, Alicia y Roque de la ONG Barcelona Acción Solidaria. Por suerte estos últimos fueron liberados nueve meses después.

Estas personas cooperantes, movidas por un sentimiento altruista, deciden dar un giro a sus vidas, abandonando esa parte del mundo civilizado que ellos ven saturado de materialismo, ya sea por la propia evidencia, o por experiencias personales. Con esta iniciativa quieren llenar sus vidas dándose a los demás, con el riesgo de las suyas propias. Estos posibles homicidas han convertido este sistema en una suculenta fuente de ingresos, donde el pago del rescate trasciende a los gobiernos de los países originarios de los secuestrados; con lo que el éxito de la operación puede ser importante.

Casi se podría asegurar que, los familiares de estos indeseables, hayan sido atendidos en algún momento por estas personas que ahora son su botín.

La calidad de las personas que deciden ser cooperantes, está por encima del valor de sus propias vidas, pues quizás, dar sus vidas por los demás, podría ser el fin primordial de la decisión tomada.

Ojalá que tengan toda la suerte que por su valentía se merecen.

Octubre 25, Albacete 2011

EL ÉXITO DE LAS AVENTURAS

Ya saben, la última película de Spielberg: Las aventuras de Tintín: el secreto del Unicornio, ya está en las salas de cine. Dicen que se ha metido en el bolsillo a los "tintinólogos".

Georges Prosper Remi, más conocido con el seudónimo de Hergé, nos deleitó con sus historietas durante 53 años. A través de su personaje favorito: Tintín, dejó clara su actitud ante la vida, luchando contra las injusticias frente a los tiranos. Se dice que los *Boy Scouts* también influyeron en el talante de sus personajes.

Como personajes emblemáticos podemos resaltar: Tintín: joven reportero belga defensor de causas justas; Milú: su mascota, un fox terrier blanco, que nunca le abandonó en ninguna de sus aventuras; El capitán Haddock: un marino borrachín de carácter irascible, impulsivo e irreflexivo; todo lo contrario que el tranquilo y juicioso Tintín; Hernández y Fernández (Dupond y Dupont en la versión original): pareja de policías que son como dos gotas de agua, y que únicamente les distingue la forma de su bigote, ya que el bombín y el bastón son idénticos. Su ingenuidad y meteduras de pata definen a estos simpáticos personajes; El profesor Tornasol: arquetipo del científico despistado. Su sordera hace que se aísle en un mundo propio, sin enterarse de lo que ocurre a su alrededor, lo que le propicia un sinfín de situaciones cómicas; Blanca Castafiore: esta diva de origen italiano, conocida en el mundo del *bel canto*, contrasta con la animadversión que su voz producía en el resto de personajes, exceptuando al profesor Tornasol que estaba más sordo que una tapia. Persona vanidosa. Cuando actuaba, colocaba por detrás de ella a chicas más gordas para resaltar su silueta.

No solo con las aventuras de Tintín; las aventuras en general forman parte de las peripecias de nuestras vidas. No olvidemos que nuestra primera aventura es el nacimiento, donde ya queda grabado para siempre, el impacto medioambiental que supone pasar de esa burbuja confortable (donde mamá nos protege y alberga), al aventurado mundo, donde debemos ir afinando nuestro cuerpo para no morir en el intento.

Las aventuras siempre triunfarán a través de libros, películas, teatro, etcétera, pues forman parte del origen de nuestra existencia.

Octubre 29, Albacete, 20

EL BUEN PROFESOR

Estuve disfrutando durante el tiempo que duró la clase. Antonio, profesor de la Facultad de Humanidades de Albacete, me hizo ver la diferencia, entre un profesor de verdad, y aquel que tristemente se limita a cobrar a final de mes. Qué quieren que les diga, así lo siento. Durante una hora y media, este señor, acaparó toda mi atención sobre el tema de ese día, dentro de la asignatura: "Necesidades y retos de la sociedad actual"; es posible que, alguna interrupción inadecuada, cortase el fluir de la información. El planteamiento versaba sobre: la globalización y los efectos de la propia identidad entre las personas. Nos habló de cómo, "la nacionalidad adjudicada a cada persona, es una construcción histórica, dejando ver que: la esencia no constituye la realidad de las personas, sino la conciencia". También nos animó a leer el libro de Amin Maalouf: Identidades asesinas. Tal vez su lectura, nos aclarará mejor esta exposición. Para mí, la clase fue magistral.

Intimar de esa manera maravillosa con los alumnos, llega a ser hasta de alguna manera altruista, sin exagerar. Don Antonio Ponce, filósofo y antropólogo, con la prestidigitación de sus palabras, creó la magia adecuada, para hacernos llegar (ahora sí) la esencia de la esencia de su sabiduría.

Enhorabuena profesor.

Octubre 31, Albacete 2011

CAMPAÑA ELECTORAL

Si de verdad quieren llegar a saber a quién votar, sigan a pie juntillas lo que les digo. Aíslense del mundo exterior. Desconecten los receptores de radio y televisión a las horas en punto; no lean en la prensa los espacios dedicados a los comicios del 20 N; no escuchen comentarios politiqueros en la barra del bar; no recojan octavillas por las calles en los lugares habilitados por los distintos partidos. Si por cualquier circunstancia, no pudieran evitar mis indicaciones, por favor; no intenten hacer un análisis comparativo entre los distintos programas políticos que les hayan endiñado. Las decisiones importantes deben de tomarse con calma, sin estos calentones electoralistas. Hombre, tampoco hay que recluirse en un convento.

Les diré. Esto ya es una cuestión de sentido común. Las campañas electorales se convierten en el chocolate del loro; para solucionar una situación ruinosa, deciden hacerlo desde el paripé y el engaño, no caigan en la trampa, ya son muchas caídas. Nos venden humo, y si este es de incienso, mejor que mejor, pues en esta España encantada, todavía el olor a santidad tiene su peso específico, y una cantidad importante de sus electores, todavía son fieles ante oradores de púlpito que actúan en las campañas.

Ha llegado el momento de saber a quién dar nuestra confianza política durante cuatro años. Piensen: "La suma de varias fuerzas coordinadas, obtienen una fuerza resultante equivalente a todas las demás" ¿Convienen las mayorías absolutas?

Noviembre 5, Albacete 2011

EL JUEGO EN POLÍTICA

La Academia de Televisión nos hace ver que, el juego es inherente a nuestra forma de vida. A mí, el debate electoral del pasado día 7 entre los líderes de los partidos mayoritarios PSOE y PP, me recordó a ese juego conocido llamado "Hundir la flota". Los estrategas de ambos partidos, colocaron en los tableros los barcos de mayor calado electoral en cada una de las cuadrículas formadas por las coordenadas entre filas y columnas.

El juego comenzó. Cuando el señor Rubalcaba lanzaba su torpedo contra el contrincante, este, había ocasiones que hacía ver que el barco al menos era tocado, nunca hundido. La mayoría de las veces era agua. Cuando el señor Rajoy lanzaba su ataque, su oponente si demostraba sufrir el impacto. Cuando era agua, enseguida sacaba su pizarra enseñándola a él y a la cámara.

De los barcos defendidos en este juego; unos iban pintados de azul con promesas de reactivación de la economía, a base de control exhaustivo del gasto, creación de puestos de trabajo por empresarios y jóvenes emprendedores y algún que otro mensaje de recortes sociales. Otro iba pintado de rojo y cargado principalmente de moral, hacia los indecisos que anteriormente les votaron. También iba cargado de promesas hacia la continuidad en el progreso de la sanidad y la enseñanza públicas, así como de las prestaciones sociales.

Será en las sedes de estos partidos, y en el dique seco, donde comprobarán el estado en que quedaron los barcos tras la batalla. Por cierto, los periodistas y analistas políticos ya tienen cargamento de tinta para escribir.

España dio líderes políticos que crearon escuela. Hoy se necesitan más que nunca; lo malo es que nos los hay. Aprovechando la enseñanza de excelencia de la señora Aguirre, mírense lo de la formación de políticos.

Paradójicamente, quienes sacarán a este país de la crisis (como siempre), serán las personas trabajadoras con derecho a voto, que no los votados. Con el esfuerzo de todos ellos (unas veces de corazón, otras por imperativo legal), no tendrán más remedio que jugar con sus representantes políticos, a ese otro juego a veces marrullero llamado 'política'.

Noviembre 14, Albacete 2011

FRUSTRACIÓN

Como puede haber empatía entre un político en activo, o cualquier otro ciudadano que, hoy por hoy tenga cubiertas sus necesidades económicas, ya sea con un sueldo seguro a final de mes o cualquier otro ingreso en la actividad económica, y un **frustrado** parado de larga duración.

Aquel día que, le segaron su ininterrumpido puesto de trabajo durante más de veinte años; que, él, cumplidor hasta la médula, no falto ni un minuto. Aquel día que, le hicieron perder toda esperanza, con la frustración por bandera. Aquel día que, fue considerado un bicho raro por estar parado y tener más de cincuenta años. Aquel día que, privado de toda esperanza, dejó de creer en las falsas promesas anunciadas por aquellos, en el que (otro día más) confió su voto, haciéndole ver una rendija de luz. Aquel mismo día comprendió todo. Este país, es un país decepcionante, donde la vanidad, la envidia y las diferencias sociales campan a sus anchas, formando parte del deporte nacional.

Para todos aquellos que piensan que los parados son la *peste* de un país, y que por lo tanto, las prestaciones, como los subsidios por desempleo, deberían ponerse encima de la mesa para sus recortes, o desaparición, a estas personas, les recomendaría una recarga importante de humanidad.

Aquel mismo día que la prensa comunicaba: "un pobre parado de larga duración, decidió quitarse la vida debido a su frustración" la tasa de paro disminuyó.

Estamos en España, no en *La Roja*. País

Noviembre 14, Albacete 2011

UN CUENTO MÁS

En el amanecer de aquella mañana fría, el viento azotaba en la espesura más recóndita del bosque. Bien colocada, como siempre, se encontraba la trampa. Claro, trampa para algunos, para ella era su obra maestra. Arianna no era capaz de terminar con el último círculo que le quedaba. Una rama del árbol contiguo, batía cerca del final de su obra escultórica, no permitiéndole culminar su frágil y laborioso trabajo. Con lo que la pobre, solamente esperaba que Eolo calmase su ímpetu.

Entrada ya la mañana, Eolo era ya solo un clamor lejano. Su fuerza desapareció. Los árboles, arbustos, plantas y demás habitantes del bosque respiraron con tranquilidad.

Arianna salió desde el interior de su casita para retornar a su labor primordial, la cual no era otra que terminar su bien tejida telaraña. Así lo hizo, comprobando que todos sus vértices y uniones habían quedado bien sellados. En la casita, y desde la ventana, las hijas de mamá araña no daban crédito al gran espectáculo que aparecía ante sus -numerosos- ojos. Era algo maravilloso; cientos de círculos unidos entre sí por un finísimo hilo de seda, en un alarde de simetría sin igual. Las diminutas hijas de Arianna quedaron absortas, sin dudar que, su mamá pertenecía a una estirpe de artistas privilegiados.

Cuando mamá araña regresó con sus hijas a su parapetada casa. Estas no paraban de besarla en reconocimiento a su labor. Pocos instantes después, un insecto cayó en la trampa. Las niñas no dudaron en pedir a su mamá que liberase a la pobre mariposa; con lo que mamá araña no tuvo más remedio que contarles: "Hijas mías, estuve tejiendo durante más de una noche, aquello que mis padres y abuelos… me trasmitieron. De esta manera, nuestra especie, y en agradecimiento a la madre naturaleza, considera que, el sacrificio de una vida, bien merece el gran esfuerzo que supone la construcción de la telaraña".

Es de bien nacidos ser agradecidos. En este caso: el fin sí justifica los medios.

Noviembre 16, Albacete 2011

UN BUEN POTAJE

Bien guardado en la memoria se mantiene el sabor de un buen plato de potaje. Ese plato tradicional de nuestra tierra, de nuestra infancia, de nuestro recuerdo más entrañable. Todavía recuerdo aquel plato humeante. Compuesto de garbanzos, patatas, verduras, cebolla, ajo, perejil, huevo, pan rallado, y ese relleno, ese buñuelo flotando en el 'caldete celestial', donde se mezclaban los sabores de todos los ingredientes, y que ponía el broche de oro a este sencillo y gran plato a la vez.

Todo esto aderezado por la familia, alrededor de la mesa camilla, brasero de picón y polainas. ¡Qué recuerdos! Recuerdos de la niñez. Un buen plato de potaje alegra el alma, antes y ahora.

Por otro lado, y en la vanguardia, tenemos la cocina de diseño, donde el *glamour*, la presentación (en ese gran escenario que nada tiene que envidiar a las vajillas imperiales) el *chef* desarrolla su trabajada obra de arte; eso sí, casi con fórmulas matemáticas. Bien, con una buena dosis de imaginación, 'buena vista', y como siempre buen apetito, también se puede disfrutar de esta otra cultura naciente en este sector de la gastronomía.

Para algunas personas, las ventajas de los platos tradicionales con respecto a la cocina de diseño, tienen un valor añadido, como es unir al sabor culinario, los recuerdos entrañables de la vida.

Noviembre 17, Albacete 2011

PRIMOS Y PRIMAS

Hay estados, donde la relación que mantienen con su familia no es muy buena. Llamando familias a los estados que componen la Unión Europea, y eligiendo como zona de veraneo común a la 'Zona Euro', se llega a la conclusión siguiente: se sabe que, los veraneos familiares se han ido imponiendo a lo largo de la progresión económica de la sociedad como algo ineludible en la unidad familiar moderna. Lo que ocurre es que, unas familias se lo podían permitir económicamente y otras no. Las que no podían, pues se entrampaban endeudándose al solicitar un crédito. Muchos elegían las playas paradisiacas de "Zona Euro", donde sus aguas azules, a la vez que cristalinas los obnubilaba. Bien, igual que Benidorm (es un ejemplo), zona masificada a lo largo del tiempo, que fue perdiendo frescura, belleza natural, etcétera; a la vez que fue encareciéndose el coste de todo lo especulativo como: terrenos, edificios, artículos de primera, segunda y tercera necesidad. Pues lo mismo ha pasado con ciudad de vacaciones "Zona Euro".

Aquellos gestores que crearon esa zona común de vacaciones, y que fueron los visionarios que albergaron a cualquier precio a todas esas familias europeas, donde, unas endeudadas hasta la médula, otras a medio endeudar y las menos con buena predisposición económica, ahora estas se debaten entre las consecuencias de: "¿quién ha sido responsable de empobrecer al otro?". Esos mismos gestores fueron los responsables de que, los beneficios del calor, de ese sol, en teoría tan saludable, se haya convertido en el responsable de las quemaduras de primer grado que, algunos países europeos ya no se puedan curar.

Ahora los primos, no soportan a sus primas (de riesgo), porque el interés de estas es excesivamente sospechoso.

Noviembre 20, Albacete 2011

¿MOVILIZACIÓN IRRISORIA?

Hoy, 20 de noviembre, día de elecciones generales en nuestro país, se moviliza a millones de personas con el propósito de ejercer su derecho al voto, en un sufragio que le han llamado universal.

Por las calles de las ciudades deambulan miles de familias, donde los abuelos, padres y nietos, con decisión, se dirigen a los colegios electorales, con la idea inequívoca de convertir en realidad ese pensamiento racional, que con su derecho a voto se sintetiza.

En teoría, todo esto suena bastante bien, apetecible, grandioso; dentro de un contexto de libertad envidiable. La pena es que, en su aplicación, van apareciendo lagunas que lo convierten en utopía.

Esas lagunas residen en la actual ley electoral, que parece haberse quedado obsoleta. No parece ir al ritmo de lo que una democracia justa se merece. No puede dejar de considerarse una abstención de 8 a 9 millones de personas, sin hacer un análisis exhaustivo de esa franja electoral tan numerosa y con tanta importancia. Es solo un ejemplo, hay más.

Dado el proceso democrático en nuestro país, donde ha quedado expuesto de una forma evidente que, nuestra libertad solo se supone, exigimos que, si el pueblo decide una mayoría absoluta, esta sea aplicada desde una nueva ley electoral más participativa y justa.

Noviembre 20, Albacete 2011

MENOS POR MENOS, ES MAS

Los catalanes han tenido siempre fama de ahorradores; "la pela, es la pela". Artur Mas, a través de CIU (partido ganador en Cataluña en las elecciones generales) y de su espíritu nacionalista a ultranza, no ha dejado pasar mucho tiempo para comparecer ante los medios de comunicación, anunciando nuevos recortes, con el objeto de sanear y dar solución al *déficit* económico de su país. Se trata al parecer de lo siguiente: una vez realizados con anterioridad los primeros sobre sanidad y educación (impopulares ante la población catalana), ahora el *president* de la Generalitat pondrá en marcha otras medidas como son, la rebaja en las retribuciones a los funcionarios, subidas en los precios de bienes de consumo: agua, transporte público, tasas universitarias, etcétera. Además, en el apartado de sanidad, como gasto de peso específico de los presupuestos, se adivina algún tipo de colaboración ciudadana; haciendo ver a la ciudadanía que, el dejar algún euro o céntimo de euro por la visita, podría ser una buena medida para paliar ambas enfermedades. La sombra del copago sanitario aparece.

El enunciado de este texto lo dice: "menos atención sanitaria y menos atención educativa, todo esto por, menos salarios a funcionarios, menos asignación social por el pago de más tasas, es igual a Mas (Artur)".

Lo de siempre, los políticos que se comprometen a salvar el barco ante la tempestad, llegan a convertirse en piratas. El ahorro y el despilfarro como que no. Una cosa u otra.

Ah, se me olvidaba, "cuando veas las barbas de tu vecino cortar, pon las tuyas a remojar".

Noviembre 23, Albacete 2011

CURA, BOMBERO O FISIO

En Estados Unidos han llegado a la conclusión de que, para ser feliz, basta con una profesión no excesivamente pagada, principalmente relacionada con la ayuda a los demás, ya sea en el campo de la ayuda psicológica, física, o bien en la acción directa de salvar una vida en peligro.

Esa sorprendente actitud americana que, lo mismo antepone valores espirituales, como los pospone; ahora no vende que, para ser felices no hace falta ser un magnate de nada, simplemente con ser cura, bombero o fisio, ya podemos decir que hemos alcanzado la felicidad. Pues nada, una buena sotana, un buen traje ignífugo acompañado de su casco, o una buena tabla de ejercicio físico y un buen ungüento para aplicar un tonificante masaje, nos asegurará el éxito.

Digo yo que, los curas, en los tiempos que corren, la tan abnegada labor humanitaria que realizaban ya no goza de la popularidad de antes, remitiéndonos a la escasa ocupación de los seminarios diocesanos. A los bomberos se les va ajustando tanto el sueldo que, probablemente, decidan jugársela en un deporte de riesgo, a que pongan en duda su profesionalidad, además de la tendencia a la baja de sus remuneraciones. Los fisios, pues sí. Está más de moda cuidar el cuerpo. Yo creo que, como se trata de una consulta relacionada con la medicina, pues habrá de todo. Personas amables, como impertinentes; por lo tanto, el día a día en esta profesión, no lo veo yo como para ser el motivo principal de la felicidad.

Los estadounidenses son muy emotivos, además de ser una cantidad ingente de habitantes; con lo que las modas en cualquier ámbito son más cíclicas. Los españoles somos menos emotivos, a la vez que más cínicos. A un cura, como se le descubra el mínimo desliz, 'apañado va'. Al bombero, pues estamos hartos de oír: "demasiado cobran para lo que hacen, y además siempre llegan tarde". A un fisio, pues no se me ocurre, pero el tema no estaría demasiado lejos de atribuirle alguna connotación del tipo sexual, por lo de los masajes.

Resumiendo, en España la felicidad todavía está relacionada con acertar algún premio gordo de las distintas loterías en juego; que por cierto, a esto no nos gana nadie.

Noviembre 23, Albacete 2011

PASIVIDAD ENDÉMICA

Como ya es sabido, el pasado 25 de noviembre se conmemoró el día Internacional contra la Violencia hacia la mujer, de género a nivel doméstico; también el acoso sexual a nivel de estados, donde queda incluida la tortura y los abusos sufridos por prisioneras políticas. Esta fecha fue acordada internacionalmente en el primer encuentro feminista de Latinoamérica y del Caribe, celebrado en Bogotá (Colombia) en julio de 1981, rememorando el violento asesinato de las hermanas Mirabal (Patria, Minerva y María Teresa), tres activistas políticas asesinadas el 25 de noviembre de 1960 en manos de la policía secreta del dictador Rafael Trujillo, en la República Dominicana. Sus cadáveres destrozados aparecieron en el fondo de un precipicio. En 1999, la ONU dio carácter oficial a esta fecha.

Los ejecutores de estas acciones se convierten día tras día en los protagonistas violentos, que tratan de ahogar su incultura en aquel mar de dudas que, desde su infancia navegan por su mente sin poder virar el rumbo; incultura por otro lado debida a la precariedad de una educación que, si brillaba por algo en aquellos tiempos era por su ausencia.

Pasividad, incultura, precaria educación, miedo, etcétera, son las causas de esas noticias indeseadas, donde esos hechos suceden con demasiada frecuencia.

Hace pocos días salía en prensa un estudio elaborado por la Federación de Mujeres Progresistas (FMP), donde el 80% de los jóvenes de entre 14 y 18 años piensan que en una relación de pareja, la chica "debe complacer" al chico y este tiene la obligación de protegerla. El estudio nos alerta de una tendencia machista en la relación amorosa, donde ellos tienen el rol de valientes y agresivos, mientras que ellas son tiernas y comprensivas.

Debemos involucrarnos cada día más en la solución de problemas que, surgen a consecuencia de una pasividad endémica y una débil cultura. Las leyes y las medidas policiales siguen su camino, pero todavía no han llegado a la mitad de la meta.

Noviembre 25, Albacete 2011

EL UMBRAL DE LA POBREZA

Es una vergüenza que los Ayuntamientos se apresuren a poner en marcha la instalación y el encendido de la iluminación navideña. ¿Por qué? Simplemente por respeto a las personas que se encuentran en el umbral de la pobreza. Para saber qué es esto del umbral, paso a describirlo: Umbral de pobreza **absoluto**: Se calcula mediante estimaciones sobre el coste de los alimentos necesarios para cubrir las necesidades energéticas de una persona, a lo que se añade el coste de otros productos no alimentarios que se consideran básicos. Umbral de pobreza **relativo**: Quedan por debajo del umbral de pobreza relativo aquellos que ganen menos de la mitad del ingreso medio de un país.

En España existen en la actualidad nueve millones de personas en el umbral de pobreza. Se estima que en los dos próximos años, a esta cantidad se le sumen dos millones más. Once millones de personas que, como dato anecdótico, lo podemos comparar con la cantidad de personas que se abstuvieron en las recientes elecciones generales; o si lo prefieren, con el número de votantes que fue suficiente para hacer ganador al PP. Con esto quiero evidenciar la importancia y el crecimiento en este sector marginal de población que, hasta hace poco eran personas integradas en la sociedad y ahora están sumidos en la desesperación.

Usando la inteligencia y aceptando esta realidad sangrante, no podemos abstraernos en la Navidad, ya que, tampoco esta fiesta cristiana tiene como bandera estar a favor de la pobreza y del despilfarro.

Pidamos respetuosamente a las personas que dirigen los órganos públicos, responsables de gestionar las partidas económicas, que no solo den preferencia a actuaciones populares y políticamente correctas. Que sean valientes y apuesten por ayudar a las personas que hoy en día no pueden tener lo necesario para subsistir, utilizando quizás alternativas menos populares.

Si el ser humano está orgulloso del desarrollo de su inteligencia, demostrémoslo con actuaciones que lo constaten. Las ciudades no deben dar una imagen falsa de sus ciudadanos.

Noviembre 26, Albacete 2011

BUENA COMPAÑÍA

Soy habitual en la sintonía de programas de radio, sobre todo cuando uno se va a dormir. Lo más normal es que llegue a coger el sueño escuchándolos. El sistema de sintonización del aparato receptor actúa de forma automática al apretar el botoncito; por lo tanto, es bastante cómodo para no perder la onda de aquellos programas nocturnos que te interesan o te llaman la atención. Haciendo un barrido por el dial, se puede encontrar una variopinta gama de los mismos. Los hay, musicales, deportivos, religiosos, culturales, etcétera. Hace un tiempo que se escuchan programas con una gran connotación de tipo sexual, donde la desinhibición marca la pauta. Es fácil escuchar entre los mismos locutores halagos hacía sus encantos sexuales; a la vez que describen, con pelos y señales, el tamaño de los pechos, culos, penes y demás adornos sexuales, así como el relato de todo tipo de prácticas sexuales, que ya quisiera el *Kamasutra*. Parece que hay que ir olvidando tabúes del pasado, e irse abriendo camino en el mundo de la sexualidad, sin complejos. Los poderes represivos del sexo han sido siempre los mismos; nos han solapado ideas contrarias al sano disfrute de nuestra condición sexual. Escuchar este tipo de comentarios sexuales, sin tapujos y por las bravas, es una ventana abierta a las libertades individuales de la persona. Me parece bien, salvando lo soez.

Hablaré por último de otro tipo de programas que hacen una labor bastante humanitaria. Son aquellos que dejan hablar a personas con problemas marginales de todo tipo: soledad, dependencia, adicciones, abandono, etcétera. Al escuchar las historias de estas personas, llegas a tomar el pulso de la cantidad de gentes que, están solas y engañadas por la geografía de nuestro país; algunas alcanzan el grado de surrealistas.

Se puede acabar el día escuchando la radio, a la vez que, rezando el rosario con el Papa, aprendiendo una postura erótica, oyendo una canción, siguiendo la vida de Goya, o si Cristiano Ronaldo no está de acuerdo con los árbitros, ni con nadie.

Noviembre 30, Albacete 2011

BATIDO DE ACTUALIDAD

Les reto a que analicen el resultado final de las noticias más relevantes que aparecen en cualquier periódico de actualidad, las introduzcan en una batidora, sí, de esas que usamos en casa, y comprueben el resultado final.

La prima de riesgo cae a356 puntos: mientras que la rentabilidad del bono de deuda español a 10 años se reduce a 5,74 % impulsada por la ola optimista en el mercado. Bono, pero en este caso José nos dice que es recomendable decir ¡Viva España! Vale, pero ya podían haber dejado las cosas mejor, ahora la frase sería: ¡Reviva España!

El rey Baltasar, deberá tomar precauciones para este año; pues aunque haya salido indemne de una denuncia que le interpuso una ciudadana, debido a un caramelazo, su majestad ha comprendido que, en España sus ciudadanos son muy legales, y lo ponen todo en manos de la justicia.

La Agencia Tributaria considera que la actividad de Urdangarin tenía fines lucrativos. El Instituto Nóos, al parecer, y según el informe que presenta Hacienda, señala que los movimientos económicos corresponden más a fines lucrativos que a actuaciones propias de una entidad de ánimo de lucro. Para mí, al Instituto deberían de haberle puesto: "Noos... decimos la verdad".

Merkel y Sarkozy se reunirán este lunes para cerrar su propuesta contra la crisis, y de esta manera "refundar" Europa. La vieja Europa está pidiendo a gritos un sistema liberal para su economía, y no multicultural.

Nicanor Parra recibe el Premio Cervantes 2011 a los 97 años. Este 'antipoeta', "armado hasta los dientes contra la pedantería grecolatina", va a recibir 125.000 euros al final de su vida. Creo yo, que Nicanor Parra, en esta ocasión se merece al menos el doble del premio asignado, debido a su edad y como ayuda por el concepto de persona bastante mayor.

El euro está en la UCI, sus familiares acuden a visitarlo, la peseta uno de ellos, dice estar preparando las maletas para volver a ver a su vecina La Cibeles.

Ustedes verán el batido que les sale. A lo mejor habría que llevarlo al Centro Nacional de Epidemiología, por si las moscas.

Diciembre 2, Albacete 2011

PINTAR LA REALIDAD

Diego Rodriguez de Silva y Velázquez, nació en Sevilla acabando el siglo XVI (1599-1660), pintor barroco, considerado uno de los máximos exponentes de la pintura española y maestro de la pintura universal. Se le reconoció su capacidad de unir al dibujo romano, el colorido veneciano, en esa pintura, donde el reflejo de lo natural consolidó su estilo. También fue capaz de dar un tratamiento especial a la luz de sus cuadros desde perspectivas aéreas que daban una sensación de realidad insólita.

Pues bien, hace unos días se subastó en la galería Bonhams de Londres, un cuadro de Velázquez que por cierto, andaba perdido entre otros tantos, dentro de un lote de mediocre pintura inglesa en Oxford. *Retrato de un caballero,* que así se llama, alcanzó una cifra final de 3.464.144 euros. El cuadro de 47 por 39 centímetros retrata a un caballero (sin identificar) español, de mediana edad, calvo, vestido de negro y con una golilla. La golilla es una prenda de adorno cortesano que sustituyó a la gorguera como símbolo de austeridad en el reinado de Felipe IV.

Después de 500 años, podemos considerar que el arte de Velázquez (como de otros maestros de la pintura), alcanza precios de mercado que ya quisieran algunas acciones de bolsa.

El tiempo será testigo sí, para el año 2511 alguno de los cuadros realizados entre los siglos XX y XXI, son capaces de mantener el caché de sus antecesores milenarios.

No me imagino a Zapatero entregando las llaves del nuevo gobierno a Rajoy en cuadro titulado: La rendición del socialismo.

Al menos, el reflejo de la realidad en un cuadro alcanza un importante valor económico. La actual realidad económica, mejor no pintarla.

Diciembre 8, Albacete 2011

UN MUNDO NUEVO

Se produjo el milagro. La noticia corría como la pólvora en los medios de comunicación. En la calle, con el deambular de las gentes a modo de algarabía, se hacía patente. La guerra había terminado. Sí, esa guerra absurda entre los habitantes del planeta, donde las diferencias entre las personas, fueron originadas por el desarrollo involucionista de esa sociedad que, el hombre creyó inventar para todo lo contrario.

"El concepto de sociedad ha sucumbido por ser un fraude"; "El progreso como individuo se entiende fuera del gueto de la sociedad"; "Han sido erradicadas las diferencias entre las personas"; "Los todopoderosos magnates del dinero han sido 'reducidos'"; "Todos los habitantes del planeta tienen cubiertas sus necesidades básicas, al haber llegado a un acuerdo con nuestra madre naturaleza"; "El hambre ha sido desterrada"; "El hombre ha entendido que la religión es necesaria para el hombre, no para Dios"; "Los recursos naturales no son expoliados", decían entre otros, los titulares de la prensa de aquel día.

Después de miles de años, el hombre ha sido capaz de entender que, no solo la visión debe entenderse de dentro afuera, hay que ser consecuentes con el resultado de nuestra vida, que pudo venir desde fuera y nos dejó albergarnos dentro.

"No somos dueños de nada" recalcaba la prensa aquel día.

Amanece un mundo nuevo en un planeta cuyo dueño es el espacio, y que por fin sus habitantes, han demostrado suficiente capacidad cósmica para entenderlo.

¡Felizmente, la guerra ha terminado!

Diciembre 9, Albacete 2011

FUNDAS DE ÉLITE

Asociar el lujo con el placer, el diseño, y especialmente con el sexo, puede dar resultados comerciales muy ventajosos.

Hasta ahora, el disfrute de una prenda de marca se conseguía en una parte de nuestro cuerpo que, principalmente estaba a primera vista en la persona que así decidía pavonearla.

Ahora una conocida marca de moda, ateniéndose a criterios comerciales, que nada tienen que ver con los clásicos, no ha dudado en crear un condón de diseño. El precio alcanza los 68 dólares -unos cincuenta euros-. Esta funda profiláctica que mata dos pájaros de un tiro, pero no tres, cumple con el beneplácito de preservar enfermedades infecciosas, de igual modo que nos asegura un disfrute sexual sin sobresaltos posteriores. Solo faltaba ponerle anagrama de marca, látex con incrustaciones de cualquier metal precioso, algo de perfume, y a practicar sexo de élite.

La moda y el diseño no entienden de moral sexual. Por lo tanto, lo mismo diseña un traje de novia, que un preservativo con toda clase de innovaciones de última generación. Creo que, una vez acabada la orgía, se convierte en un *'cibercondón'* con acceso a redes sociales, cuentas bancarias, servicios de consulta, etcétera…

Siempre ha habido clases, lo único es que, las clases hay que pagarlas. Pero el dinero ya está para eso.

Diciembre 10, Albacete 2011

EL DINERO Y LA AVARICIA

El binomio entre dinero y avaricia, se corresponde con el mayor depredador del honor y del amor propio entre los seres humanos.

Estos días está en la palestra la honorabilidad de Iñaki Urdangarin, por los hechos en proceso de investigación de la trama que, el Instituto Nóos (presidido por Iñaki), y una red de empresas creadas adrede, hayan sido los responsables del desvío fraudulento, tanto de fondos públicos como privados a paraísos fiscales. Entendiendo que, el origen de estas operaciones económicas pertenece a una institución sin ánimo de lucro. La mayor relevancia por encima de otros casos afines a este (que los hay, y muchos), está por ser miembro de la Casa del Rey.

Este depredador (dinero y avaricia), actúa principalmente en círculos donde el caudal de dinero tenga un flujo constante y abundante; dos condiciones *sine qua non* para que prospere su iniquidad. El lugar le es indiferente; ya sea en la casa: del Rey, del político, del banquero, del religioso, del empresario. Le da exactamente igual. Sus contrincantes más directos son: el honor y el amor propio; cuando los consigue, va a por los del siguiente.

Otra vez citaremos el refranero popular: "La avaricia rompe el saco" La ruptura del saco, en este caso, va más allá de la avaricia que lo rompió, ya que, la honorabilidad de uno de los máximos representantes de un país, no puede verse salpicada por hechos tan ruines como el que nos ocupa.

Si estos hechos se constatan, la imagen moral que ha dado Iñaki Urdangarin hacia la Casa del Rey es denigrante. Si de verdad se ha beneficiado de fondos privados y públicos, que pida perdón al Rey y a todos los españoles que pagan sus impuestos.

Diciembre 11, Albacete 2011

NOMOFOBIA

Dicen que es una nueva enfermedad tecnológica, con episodios de fobia. Dejarse el teléfono móvil en casa, no tener cobertura, quedarse sin batería, extraviarlo o que de cuenta de él algún caco, puede resultar desastroso para la salud. Quienes se preocupan de estas cosas (psicólogos, sociólogos, etcétera), ven consecuencias adversas en la persona que lo sufre, hasta el punto de crearle: ansiedad, inestabilidad, agresividad y dificultad de concentración.

Aquellas empresas inventoras del *aparatito*, podían haberse imaginado la influencia, a la vez que dependencia, que este artilugio produciría en el usuario. En cuestiones de *marketing* comercial, está visto que, las fobias producidas por la falta del producto son muy beneficiosas para la marca.

¿Beneficiosas a la vez para las consultas psicológicas? pues según se valore. En la consulta privada el facultativo puede ganar una pasta *gansa*, a costa del pobre adicto al móvil. Para la consulta en la seguridad social: aquí, ni *fu* ni *fa*, pues el titular de la misma, una vez expuesto el caso por el paciente, no dudará en remitirlo a la tienda de telefonía, origen de sus desgracias, y asunto resuelto.

Cambiando de fobias, y con resultados muy distintos, son las que sufren los representantes vascos de la coalición Amaiur en el Congreso de los Diputados cuando tienen que jurar cumplir La Constitución Española. Siempre lo hacen por imperativo legal. ¿Se deberían mirar su fobia a la democracia?

No olvidemos la definición de fobia que hace la Real Academia en sus dos acepciones: "Aversión obsesiva a alguien o a algo. Temor irracional compulsivo"

Diciembre 14, Albacete 2011

¿ATRACOS IMPUNES?

Ya se preguntaba Bertolt Brecht (dramaturgo, poeta, director de teatro y actor): "¿Qué es el robo de un banco en comparación con fundar uno?". Hasta su muerte sostuvo la tesis de que el teatro podía cambiar el mundo. El teatro de los bancos, desde luego que no.

Como consecuencia de la crisis financiera que está colapsando la economía mundial, están de actualidad las participaciones preferentes que, banco y cajas pusieron en circulación para captar ahorros de sus clientes y rentabilizarlos por medio de sus negocios. El hecho es, que con una buena dosis de aptitud teatral, el empleado bancario ofrecía este producto, con la inmejorable rentabilidad, mayor seguridad, e inmediata disposición (en caso de apuros) del capital origen del trueque. Todo ello acompañado de los documentos contractuales pertinentes, firmados por 'centuplicado'. Eso sí, la letra pequeña donde se encontraba el guión del recurso teatral, ni se comentaba, ni se apreciaba ¿para qué?

Lo que si es real y no teatro, son los miles de ahorradores que están atrapados por los bancos y cajas, al no poder disponer de los ahorros de toda su vida, y que seguramente ahora los necesitan, por ser tiempos de vacas flacas.

Anteriormente hubo episodios técnicamente fraudulentos con los casos de: Fidecaya, Gescartera, Afinsa y Fórum Filatélico, etcétera. Lo que el ahorrador no se imaginaba con su banco o caja de confianza, era pensar que, estaba haciendo inversiones de alto riesgo en la oficina de la esquina de su casa, con su amigo, consejero financiero, y director de la entidad. Haciendo 'mutis' de que ese riesgo, podría ser la consecuencia de la pérdida de los sacrificados ahorros.

El Banco de España, a través de la Comisión Nacional del Mercado de Valores (CNMV) deberá poner orden en esta comercialización "irregular", donde inversores confiados estaban jugándose los bigotes. Veremos si estos fondos se rescatan íntegramente o se esfuman por el foro.

El señor Bertolt Brecht llevaba razón, la usura rompe el saco.

Diciembre 16, Albacete 2011

EL CAUCE DEL RÍO

En teoría, y según se desprende de las intervenciones de nuestros políticos en el debate de investidura del señor Rajoy, todos los grupos quieren la salida de esa *riada,* cuyo origen fue debido al mal encauzamiento del dinero en la economía nacional y mundial. La controversia se centra principalmente en las medidas que se han de tomar para limpiar esos lodos dinerarios, a la vez que, la creación de sistemas para que no se vuelvan a producir.

Si comparamos la riada del dinero con la natural del agua, esta nos llevaría a crear mecanismos controladores de: el origen del dinero, el cauce, afluentes y la desembocadura. Si el origen viene de una fuente natural, adelante. Si fluye de una fuente contaminada, cerrar el grifo y analizar las causas. Si su cauce abastece a la población por conductos naturales (legales); el trabajo, la empresa, los negocios, etcétera, habrá *agua* para todos. Si el cauce solo lo controlan unos pocos, volverá a haber sequía en la mayoría de la población en favor de los de siempre. Los afluentes deben ser generosos, de igual manera que lo son los que surcan nuestra tierra: el Sil, Esla, Jarama, Jalón, Cigüela, Genil, etcétera. Deberán ser un torrente de dignidad y honradez, sin escatimar una sola *gota,* pensando que la irrigación de todos, es el motivo fundamental de su afluencia. En la desembocadura se apreciará si las *aguas* vertidas, llegaron con el suficiente caudal; limpias, orgullosas de haber abastecido a quien las necesitaron en su largo y caudaloso viaje. Capaces de volver a generar vida, en ese mar *azul,* orgullo de *peces y marineros.* El sol calienta el agua de nuestros mares, en este proceso, las nubes y la lluvia nos la devuelve pura y limpia al origen del milagro. La ética, debería ser el sol que calentara e irrigara de nuevo el flujo del dinero en la economía.

Para no volver a sufrir riadas indeseables, se deberá allanar el terreno en las subestructuras que componen los estratos sociales, como son: las clases de poder, económicas, de población y ocupacionales. De este modo, se conseguiría no dar lugar a situaciones mal encauzadas por los menos solidarios.

El dinero puede producir desastres incalculables, al igual que el agua; pero tratándolo, canalizándolo y haciendo la previsión de sus flujos, se podría convertir en una buena fuente de *agua* potable, que llegase a todos los lugares del mundo.

No estaría mal que este gobierno junto con los demás partidos políticos, ideasen el sistema para el control de la economía, con un buen Ministerio de Canales y Puertos. Claro del dinero.

Diciembre 20, Albacete 2011

EL NUEVO EJECUTIVO

A uno de los mendigos que malvive cerca del Palacio de la Moncloa, ya de noche, cuando cogía el sueño, se le ocurrió pensar en una alusión para cada uno de los miembros del nuevo gobierno.

Rajoy: Europa, ya voy. Soraya: donde Mariano vaya. Ruiz-Gallardón: por fin el sillón. Margallo: buen Euro-gallo. Morenés: las armas son su interés. Montoro: buscará el oro. Fernández Díaz: se lo prometió aquel día. Ana Pastor: desempolva el cuatrimotor. Fátima: que el milagro nos redima. Soria: el turismo hará historia. Cañete: vuelve el degustador del filete. Guindos: controlar el dinero y sus limbos. Ana Mato: Listas de espera para rato. José Ignacio: la educación y la cultura correrán despacio.

Esa misma noche soñó que, Don Mariano le había concedido una cartera; no la de un Ministerio, no, sino una con un buen fajo de billetes de curso legal, como aguinaldo por las fechas que ya se avecinan.

El policía municipal le pidió que desalojara. De esta manera, el sueño se esfumó entre el ruido del tráfico ensordecedor. Quien tiene hambre, lo mismo alude a un buen plato de cocido madrileño, como a los que dan cuenta de una buena cazuela de angulas.

Diciembre 22, Albacete 2011

EMOCIÓN COMPARTIDA

De repente acudió a mi pensamiento. La sensación fue tal, que mi actividad cerebral más elemental se paralizó. De esta manera, se bloqueó el aluvión de pensamientos más vulgares que en ese momento divagaban por mi mente. El propósito era disfrutarlo con toda intensidad, intentar retenerlo unas milésimas de segundo, para después notar su agradable despedida.

Describir esta sensación es tan difícil como relatarla, pero es una manera generosa de compartirla con los demás, casi obligatoria. Además, poder transmitirla sería el broche final. ¿Cómo? Pues quizás, fundiéndose en un cálido abrazo con cualquiera de las personas más cercanas que en ese momento estén a tu lado.

Las emociones y la inteligencia, nos han hecho capaces de evitar riegos innecesarios, tanto en la evolución como en el alcance de metas, impensables en los albores de la especie humana. Es probable que, esta última, haya ganado la batalla a las emociones, pero no con el éxito éticamente deseado.

Hoy, usar el corazón no está de moda. Aquellos que se inclinan por él, se los encasilla como débiles.

Durante unos segundos, me he sentido por encima del bien y del mal. He sido débil.

Diciembre 23, Albacete 2011

ALTAS TEMPERATURAS

Bueno, con la elección interna de Ana Botella como alcaldesa de Madrid (con dos votos más de la mayoría absoluta), se cierra el periplo mayoritario (por ahora) que el PP ha sido capaz de regenerar con éxito en la vieja y apaleada España.

No lo digo yo, lo dice el señor Rajoy y su gobierno, cuando se refiere a las medidas necesarias para resurgir de las cenizas como el Ave Fénix: "aquí no va a haber milagros, la salida de la crisis es tarea de todos y es imprescindible demostrar austeridad y reducir los gastos de la Administración antes de exigir más sacrificios a los ciudadanos"

Independientemente de las medidas que los tecnócratas deban aplicar, por su especialización técnica en el conocimiento de materias como la economía y la administración, este gobierno, está desmantelando todas aquellas instituciones que el PSOE creyó necesarias para el progreso de su región. Por ejemplo en Castilla-La Mancha: Comisión Regional de la Competencia. El Consejo Económico y Social. El defensor del Pueblo. La Oficina de la Junta de Comunidades de Castilla-La Mancha en Bruselas. Delegados de las consejerías. También Fundaciones como Ínsula Barataria. El Instituto de la Mujer, con recortes de presupuesto, que dan lugar al cierre por impago de salarios del Centro de la Mujer Monte Ibérico, etcétera.

No se sabe hasta qué punto, la tecnocracia, que está por encima de consideraciones ideológicas o políticas, ha instado, en este caso al gobierno que dirige la señora Cospedal, a hacer desaparecer este compendio de células independientes. Es posible que hayan sido consideradas células malignas para la salud política de su partido ganador. Como quiera que sea, esta maniobra está produciendo la vejación de profesionales a la vez que ciudadanos que, cumpliendo honradamente su trabajo, ahora se ven vilipendiados por aquellos donde su credo es: "la creación preferente de puestos de trabajo".

España necesita hoy más que nunca, personas capaces de encontrar las soluciones integradoras en todos los ámbitos. Eso si, sin desintegrar a nadie, y menos a profesionales que ya se ganaron su adaptación al trabajo.

La labor de este gobierno alcanzará temperaturas muy elevadas, por lo que ahora si sería conveniente encargar trajes, pero en este caso ignífugos.

Diciembre 27, Albacete 2011

LUNA ACHINADA

O nos ponemos las pilas, o la luna selenita será chinita. Por si no lo sabíais, para los próximos cinco años, los chinos están maquinando un ambicioso proyecto según el cual, enviarán a la Luna un cohete íntegramente *made in China*. Producirán su propio combustible, capaz de hacer milagros para vencer el peso gravitatorio terrestre; por lo que, transportar toneladas en el espacio, será como izar la bandera del sol naciente. En él, uno de sus congéneres de ojos rasgados, viajará a la Luna con la lección bien aprendida de ¿cómo invadir un satélite en menos que canta un gallo? El patrón de tal invasión, no variará muy mucho de cómo invadir un planeta. Experiencia en este sentido les sobra a raudales. El comunismo chino, solapado bajo un capitalismo feroz, ha sido capaz de conquistar todos los mercados y territorios habidos y por haber en este mundo terrenal, por lo que, conquistar un territorio no habitado, será "coser y cantar". Señores, prepárense a contemplar en el inmenso cielo estrellado, una gran luna llena. Eso si, de chinos. Ah, se me olvidaba: acostúmbrense a la nueva tonalidad de la Luna, en donde el blanco impoluto irá cambiando progresivamente al amarillo asiático.

Diciembre 31, Albacete 2011

BIENVENIDO, MR MARSHALL

El nuevo año 2012 asoma tímidamente. No es de extrañar, su antecesor le pasó el relevo al rojo vivo y con la salud bastante deteriorada. Como se dice en la jerga actual: *tú la llevas.*

Haciendo un repaso general de los coscorrones que, este famélico año nos *ha deleitado,* les comento algunos:

El estado del bienestar convoca una huelga indefinida, a la espera del resultado del análisis de la prima de riesgo. Entramos de lleno en la España de dos velocidades: de 130 a 110 kilómetros hora. Se destapa una trama en España (1950-1979), donde el tráfico de bebés era una de las formas más ruines que, algunas familias adineradas, anteponían a deseos banales, con el beneplácito de médicos, enfermeras, curas y monjas. Llega la ley antitabaco. Los negocios permisibles y los fumadores, pasan a formar parte de una especie en extinción. Al botellón, ya popular entre los jóvenes, se les suman los fumadores agraviados por dicha ley. Empezando la primavera, el presidente del gobierno Zapatero, en vista de como está el jardín, decide no presentarse a candidato de la rosa roja. Después de diez años de búsqueda incansable, los americanos dieron cuenta de Osama bin Laden. El ajuste de cuentas le costó la vida. Su cuerpo fue arrojado al mar. Seguro que a Neptuno, no le hizo ninguna gracia. Se nos marchó Severiano Ballesteros, incansable luchador en los campos de golf. Su filosofía era: *creer en uno mismo*, y sí que lo demostró. Un terremoto traicionero devastó parte de la ciudad de Lorca (Murcia), provocando muertes y tragedia. En Alemania nos arrean un pepinazo en todo el morro, dicen que nuestros pepinos son portadores de una bacteria llamada Escherichia coli, la cual es muy dañina, atacando la zona intestinal y provocando la muerte en algunos casos, A nosotros, con este bulo, nos arrearon un recorte en la economía "sin comerlo, ni beberlo". Algunos bancos y cajas de ahorro se tambalean más, que los efectos del desgraciado terremoto de Lorca. Los técnicos llamaron a este, "el ladrillazo". La reconstrucción será larga y costosa como cualquier catástrofe. Los indignados del 15 M se hacen notar, para pedir urgentemente una democracia real, ya. En la Sociedad General de Autores y Editores de España (SGAE), se descubre que, el mayor autor de delitos contra la apropiación indebida y administración fraudulenta, es su propio presidente, Teddy Bautista, conocido cantante de años 60. Amy Winehouse, cantante inglesa de música *soul* nos deja con 27 años. Los motivos fueron obvios. Grecia pasa a ser noticia por todo lo contrario a las referencias históricas de resurgimiento en la cultura y las artes. Se hunde en la pobreza. Steve Jobs, genio de la compañía Apple nos deja un sublime legado informático después de su muerte. Mientras tanto, Spielberg nos entretiene con una película de aventuras, las de Tintín en el Secreto del Unicornio. La monarquía descubre en la casa Real un garbanzo negro. El PP pintó de azul toda la piel de toro con su mayoría absoluta.

Con el estreno del año, así como del color azul en su panorama político, se espera no acabar al rojo vivo.

Enero 2, Albacete 2012

LEY DE VIDA

No tengo palabras. Lo siento. Me invaden, por un lado la tristeza, pero por otro una inmensa alegría. Esta mezcla de fuerzas sin lugar a dudas, fueron el origen de la creación.

Al no verte todos los días, me falta el aire. Pero a la vez tú, me lo envías de manera sutil, sin hacerse notar. Es una sensación de ahogo que, luego pasa. Conforme va pasando, paulatinamente viene la sensación contraria. Te alcanza de lleno el bienestar, la tranquilidad del alma. El alma que, fraguada desde el amor mutuo, es valiente, no teme nada.

Quiero dar las gracias a la vida, por haberme dado el honor de convivir estos años con un hijo, cuya bandera es la generosidad, y el mástil que la sustenta es su gran corazón.

Aunque emanciparse es un proceso casi natural, no quiero dejar de describir los sentimientos contradictorios que produce esta separación normal, en una convivencia cotidiana. Estos, a la vez que te encogen el alma, la engrandecen; como los latidos del corazón, origen de la vida. Desde aquí, y con tu misma bandera, te dedico estas líneas de corazón a corazón. Aunque para superar al tuyo, habría que entrenarse bien a fondo.

Mi más cariñosa enhorabuena por tu independencia.

Un fuerte abrazo.

Enero 4, Albacete 2012

MENÚ DE REYES

Podríamos empezar con un aperitivo sólido: minijobs de IRPF con unos toques de salmón ahumado. Calamares a la romana, (se advierte que debido a la situación económica que atraviesa Italia, el rebozado es chino) Primer plato: Crema de calabazas al estilo financiero. Segundo plato: solomillo al gusto, o bastante cohecho. Postres: rollitos de empleados de banca, crujientes de participaciones preferentes, o Membrillos elaborados a base de intenciones de voto poco genuinas. Se finalizará con un gran roscón de reyes, café, copa y... Lo del puro pasó a la historia con la ley antitabaco. Se admiten cigarrillos electrónicos.

NOTA: El roscón de este año contiene un garbanzo negro. El afortunado, deberá entregarlo en el juzgado de guardia más próximo.

Enero 5, Albacete 2012

DERECHOS ALGO TORCIDOS

La vuelta de presos al País Vasco y la amnistía, fueron las consignas de la manifestación convocada el pasado sábado en Bilbao; amparado bajo las fuerzas *abertzales* que forman parte del grupo Amaiur.

Exigen que se apliquen los derechos de los presos de ETA, y de esta manera contribuir a abrir el camino para el regreso a casa del conjunto de represaliados políticos, a la puesta en libertad de los presos enfermos, y a la derogación de la denominada doctrina Parot. Esta ley, desde 2006 impide a los etarras refundir varias condenas en una sola de 30 años, sobre la que se aplicaban las redenciones. El Tribunal Constitucional está pendiente de resolver varios recursos de amparo contra la aplicación de la citada doctrina, que si los estiman serían de aplicación a todos los presos de la banda, dejando en la calle a 61 etarras.

Se reivindican beneficios penitenciarios a personas que fueron juzgadas y condenadas por delitos de sangre, directa o indirectamente. Muchos de ellos fueron cometidos en un contexto político, que nada tenía que ver con la situación política de sus orígenes. Aunque el derecho a matar no lo contempla ningún código penal.

Todas las personas debemos tener legitimados nuestros derechos y obligaciones. Los que fueron asesinados vilmente, ¿con qué derechos fueron matados? A los pobres se les obligó a morir por imperativo legal, sin opción a un juicio justo.

Se reivindican derechos algo torcidos, diría yo.

Enero 10, Albacete 2012

PRESUPUESTOS INFIELES

Ajustar el presupuesto en una labor económica es la clave del éxito; controlarlo es otro cantar. Un presupuesto económico se estructura a partir de un control racional del gasto, basado como no, en los ingresos previstos del periodo a presupuestar, así como de los datos del ejercicio anterior. Aquellas partidas que se quieran mantener, estirar o encoger, serán fijadas con un criterio técnico, exhaustivamente analizado. Una buena gestión contable del presupuesto, nos alertará de su posible desviación, a la vez que nos dejará tomar las medidas de corrección necesarias.

Toda disciplina ideada para controlar un fin, ha de cumplirse de una manera estricta. Deberemos tener (como no) los medios necesarios para llevar a cabo esta labor. La maquinaria del Estado tiene de sobra los organismos y las personas necesarias para alertar de estas situaciones.

El señor Montoro, ministro de Hacienda y Administraciones del nuevo gobierno de Mariano Rajoy, anuncia la nueva Ley de Transparencia de Gobierno, que exigirá responsabilidades penales para los gestores públicos, políticos o no, que incumplan los presupuestos. También se contemplará la posibilidad de intervenir a las CC. AA. que no cumplan el déficit.

Presupuestar partidas económicas desde la inmoralidad de su creación, así como de su posterior control, son las responsables de esa ruina económica totalmente injustificable. La economía es una ciencia, y estudia la correcta distribución de los recursos, para satisfacer las necesidades del ser humano.

El Estado español ha demostrado durante su andadura democrática y autonómica, no ser muy virtuoso en sus aplicaciones económicas. Habrá que ir evolucionando y aprendiendo de los errores. Igualmente habrá que prescindir de un control solapado de actividades en general (que duplican el gasto), como de presupuestos y personas infieles.

A todo esto como siempre, habrá que añadir el factor suerte; sobre todo, en la elección de las personas puestas para tal fin.

Enero 21, Albacete 2012

EL 'AZOR', AL MATADERO

La imagen me pareció impactante. En las antiguas instalaciones del Matadero Municipal de Legazpi, situado en el madrileño Paseo de la Chopera (Arganzuela), actualmente transformado por el Ayuntamiento de Madrid en salas culturales de diversas disciplinas artísticas, se encuentra el yate Azor. Quien no recuerda la imagen de ese emblemático barco, donde Franco aparecía día tras día, en cantidad de celebraciones, ya fueran de corte político, como de carácter estival. Los de tierra adentro lo recordamos navegando sobre todo, en las imágenes del noticiario el NO-DO, y no una, sino cientos y cientos de veces.

Con el final de la dictadura y los inicios de la democracia, este barco no gozaba de la misma frescura que las aguas por donde navegó. Y como aquel que dice: "muerto el perro, se acabó la rabia". En el año 1990 se subastó. Se aconsejó que fuera al desguace, pero un nostálgico camarada intentó mantenerlo a flote, y de esa manera convertirlo en un ocioso negocio. Como no lo consiguió, pues se lo llevó a una de sus fincas, donde quedó encallado adrede.

A finales del 2011 Fernando Sánchez Castillo lo adquirió. Este joven artista español de renombre internacional, ha realizado (como cualquier buen espada) una buena faena plástica, convirtiendo al yate Azor en un retorcido aglomerado de hierros, a modo de paquete histórico, y dejándolo expuesto en una de las salas del Matadero de Madrid; eso sí, con su toque artístico personal.

Impactantes pueden ser también las leyes de la física, cuando nos hace ver que: la materia no se crea ni se destruye, solo se transforma. En este caso en la mínima expresión.

Enero 24, Albacete 2012

¡AY, LA SALUD!

La crítica constructiva es una práctica mental saludable, según nos explican los psicólogos. Claro, si cambiamos el adjetivo ya no tiene los mismos efectos.

El panorama que nos acompaña en la realidad socio-económica de esta parte del mundo, está acabando con todos los recursos básicos para la construcción de cualquier objetivo.

El toro que tiene que lidiar Mariano Rajoy, y su gobierno frente a la tarea ingente de crear los recursos necesarios para la estabilidad de este país, no parecen nada propicios para cortar orejas, ni siquiera para dar la vuelta al ruedo. Reducir las desviaciones presupuestarias que en 2011 era del 8 %, al 4,4 % en 2012 con la que está cayendo, nos podría alertar de que la corrida se suspenderá.

Para construir necesitamos recursos que nos hagan crecer. Con una ingente austeridad, no habrá estímulos económicos capaces de encontrar esos recursos. De todas formas, como decía un catecismo cristiano del siglo XVI:"doctores tiene la Iglesia", y el milagro se produzca.

Aunque queramos hacer una crítica constructiva para curarnos en salud, como aconsejan los psicólogos, los recursos que nos ofrecen los políticos con sus actuaciones a la desesperada, nos colocan a ambas partes al borde de no poder vislumbrar el ingenio.

Malos tiempos para la salud en general, aunque la privaticen.

Enero 25, Albacete 2012

CATÁSTROFE DE ALTOS VUELOS

La compañía aérea Spanair, de una manera poco ortodoxa, anuncia la suspensión de todos sus vuelos, provocando un grave problema a todos aquellos pasajeros que tenían billetes para viajar con esta operadora. Por cierto, las medidas tomadas por otros países en la solución de estas cancelaciones, no han sido tan traumáticas e injustas como aquí. Las medidas tomadas fuera han sido: cambio del vuelo sin coste alguno en otra compañía o devolución inmediata del dinero. Aquí, si querían buscar otro vuelo, tenían que pagar entre 60, 90 ó 100 euros por la recolocación del viaje en otra compañía. La devolución del dinero: si pagaron con tarjeta de crédito, debían acudir al banco, y si fue en efectivo, a la agencia de viajes. Lo de siempre, medidas obsoletas por falta de previsión.

Es obvio que esta era la gota que colmaba el vaso, y tras arduas negociaciones de los propietarios de Spanair (entre ellos La Generalitat de Cataluña y el Ayuntamiento de Barcelona) para inyectar capital privado, éstas han fracasado, y las empresas interesadas no han visto la rentabilidad para hacerlo. La continuidad no era viable poniendo en riesgo capital público, como así lo han declarado los dirigentes políticos.

Efectivamente, *a perro flaco todo son pulgas*. La inviabilidad financiera de la compañía, dejará a más de 2.000 empleados sin trabajo; además de las consabidas deudas a Bancos, proveedores, acreedores, etcétera. Pero no por ello se librará del expediente sancionador que anuncia Ana Pastor, ministra de Fomento, y que asciende a 9 millones de euros. Veremos si el patrimonio da para tanto.

Una catástrofe más, ésta de altos vuelos. Lo que ocurre es que, en estos momentos lo que al país le interesa es levantarlos. Pero, *a perro flaco…*

Enero 30, Albacete 2012

ERA DE ESPERAR

Como ya se sabe, parte de la economía del *ladrillazo* estaba sumergida en los entramados canales del dinero negro. Mira tú por dónde, Hacienda revela el informe de un grave delito fiscal (canalizado a través del negocio de la construcción) en la visita del Papa a Valencia en el año 2006. Toda la operación estaba basada en la manipulación de los costes que, la Radio Televisión Valenciana (RTVV) facturó por la cobertura informativa y técnica del acontecimiento.

Supuestamente, la trama Gürtel (aprovechando los fáciles canales del ladrillo para el dinero B) desvió a través de una empresa constructora ubicada en León (pásmate Hilaria) el botín de la operación, así como el procedimiento de control administrativo y contable, urdido de antemano por los piratas del asalto. La empresa leonesa Teconsa, no hizo ascos al suculento bocado, con lo que el abordaje al tesoro del pecio quedó fijado con precio, fecha y hora.

En los datos que Hacienda ha investigado, se informa de lo siguiente: la trama Gürtel se embolsó aproximadamente unos tres millones de euros; Teconsa, constructora leonesa (empresa pantalla) unos 200.000 euros. Este desfalco supone un fraude fiscal para las arcas del estado, por valor de 600.000 euros, aplicados al IVA e impuesto de sociedades.

En el V Encuentro Mundial de las Familias celebrado en Valencia del 1 al 9 de julio de 2006, era de esperar la visita del Papa Benedicto XVI, ya que es el Vaticano quien las postula. También era de esperar el informe de Hacienda, que tras algunos años de investigación, por fin lo ha hecho público. Pero este informe también ha destapado familias de *chorizos* que siguen a su Santidad; pero no por cuestiones católicas, apostólicas o romanas…

Febrero 2, Albacete 2012

CARME CHACÓN: "¡FIRMES, AR!"

En el cuartel general del PSOE las fuerzas están divididas. Andalucía, el último bastión del partido, hay que defenderlo a muerte con todas las consecuencias. He ahí una de las pugnas por el liderazgo.

Los dos candidatos a la secretaría general, Alfredo Pérez Rubalcaba y Carme Chacón, ya están (metafóricamente hablando) *uniformados y engalanados,* para someterse a la votación donde, los 987 delegados socialistas depositarán sus votos (mañana sábado en Sevilla) en las urnas dispuestas para tal fin, en el 38 congreso del partido.

Después del descalabro de las últimas elecciones generales, los socialistas deben afinar la inspiración, y elegir a la persona idónea, que sea capaz de mantener el poder en Andalucía, y así al menos poder seguir con un puesto de mando en el territorio español, tan fundamental para la logística de los posteriores ataques.

La señora Chacón, juega con la ventaja de haber realizado labores militares como Ministra de Defensa en su andadura con el gobierno anterior, por lo tanto, es hora de decir: "¡delegados, manden firme, Ar!"

Febrero 3, Albacete 2012

VIVIR DEL CUENTO

De vez en cuando aparecen entrevistas a personas que siendo pinches, los visten de chef: "Hoy entrevistamos a fulano de tal, padre de la Constitución Española" La entrevista incluso, puede tener tintes variopintos, sin la necesidad de ser meramente políticos o constitucionales.

No sé, mimar a estas personas excesivamente, hasta el punto de considerarlos prohombres bienhechores de la patria, con un trasfondo de rancia sabiduría, me parece algo surrealista.

Creo que estar en un acontecimiento histórico puntual de estas características, no debe encumbrar a nadie como sabio de nada. Eso sí, han estado cocinando en los fogones de la alta cocina constitucional, con algún que otro chef virtuoso. El paso que hubo que dar para cambiar la cocina anterior, era más de tecnología punta y sentido común que de sabiduría intrínseca. Dejemos esta práctica, tan habitual en ciertos acontecimientos, como es el clásico peloteo 'made in Spain'.

Vivir del cuento en España ha sido práctica común. Claro, con el consentimiento previo de la incultura.

La opinión de cualquier ciudadano es muy digna. Disfrazarla de forma dogmática, con la difícil situación política, económica y social, pues no.

Febrero 7, Albacete 2012

CARTA DE NAVEGACIÓN EUROPEA

Disciplina fiscal y competitividad, dos puntos básicos fundamentales donde Mariano Rajoy y el Consejo de la Unión Europea, han coincidido para coger a la crisis por los cuernos.

Ya lo ha dicho el presidente del Gobierno, señor Rajoy, en el debate parlamentario tras la sesión de investidura: "el panorama de la economía española es bastante negro; y en 2012 el paro empeorará".

El barco donde navegamos se llama Europa. La carta de navegación (si queremos llegar al buen puerto) nos exige mejorar, y mucho, los dos puntos básicos aludidos anteriormente.

En primer lugar, la aplicación de una disciplina fiscal en España (donde somos líderes en economía sumergida, alcanzando cifras de vértigo con relación al resto de Europa), advierte de una ardua y atrevida tarea. Estamos hablando de valores que están entre el 25 % y 28,5 % del PIB, o sea, más o menos unos 240.000 millones de euros. El señor Rajoy también hablaba de tiempo para cosechar resultados. No me extraña, y mucho.

En segundo lugar, la competitividad de un país, está ligada a la buena preparación de sus estudiantes; capital humano indispensable, para tener la seguridad de estar haciendo las cosas bien. En este caso, los datos nos dicen que, entre todos los españoles de entre 25 y 34 años, hay un 38 % de universitarios, porcentaje superior a la media de la OCDE (37 %) y de la UE (34 %). La mayoría son jóvenes cualificados: ingenieros, arquitectos e informáticos especialmente. Quiere esto decir que, viendo el panorama laboral que existe en España actualmente (y la que se avecina), estos jóvenes: JESP (Jóvenes Emigrantes Sobradamente Preparados), no les queda más remedio que, engrosar las listas de cerebros españoles fugados. Desgraciadamente.

La competitividad de este país, es directamente proporcional a las personas capacitadas que se van.

Estas dos variables, difíciles de corregir, nos dan una idea de lo complicado de mantener la línea de flotación, según la carta de navegación acordada.

Febrero 8, Albacete 2012

VA DE MUSEOS

En Albacete, ciudad con la historia justa para albergar algún monumento histórico de relevancia, nos empeñamos, y la llenamos de cualquier tipo de museos.

Hace ya tiempo, personas que dirigían las riendas de la ciudad, pusieron sobre la mesa, dar utilidad al antiguo edificio del Banco de España. La situación privilegiada del mismo no es para menos. Pues bien, la alcaldesa de la ciudad por aquel entonces Carmen Oliver, así como personas relevantes (vinculadas o nacidas en la ciudad) en el mundo de la cultura, pensaron destinar este edificio a la sede del futuro Museo Nacional del Circo. El proyecto se aprobó en 2008, para su inauguración en 2011. Así, el Ministerio de Economía y Hacienda, hizo los trámites oportunos, para que la empresa pública Sociedad Estatal de Gestión del Patrimonio (SEGIPSA) lo cediese al Ministerio de Cultura.

El 29 de junio de 2011 se adjudicó al equipo de arquitectos liderado por Alejandro Virseda la elaboración del proyecto de ejecución de las obras por 170.892 euros, proyecto que hoy por hoy aún no ha sido aprobado.

Leo en la prensa la noticia por la inquietud que tiene el grupo de abonados de la Plaza de Toros de Albacete, en la creación del Museo Taurino. La restaurada Casa Perona (en su día rehabilitada para alojar en sus dependencias la sede del defensor del Pueblo de Castilla-La Mancha), suscita el interés de esta agrupación para albergar este museo. Una vez desaparecida La Institución del Defensor del Pueblo, y tras las manifestaciones en contra de varios estamentos locales en la compraventa del edificio, se ha pensado en darle utilidad pública como museo. Para ello, se ha enviado un escrito al consejero de Educación y Cultura de la Región.

La actividad cultural que despierte la ciudad, puede ser generadora de recursos económicos, eso es indudable. En lo que se refiere a exposiciones culturales, las hay con más o menos interés, como es lógico.

Hasta la fecha, el Museo del Circo está aparcado, o por falta de interés cultural, o de fondos (véase).

Para el Museo Taurino, es fácil pensar lo que se puede tardar en rematar la faena.

Febrero 12, Albacete 2012

SUPLANTACIONES

Desde no hace muchos años, los tentáculos extendidos por las distintas redes sociales implantadas en los sistemas informáticos, parecen estar generando un nuevo tipo sociedad (virtual, sin lugar a dudas) de dudosa autenticidad.

Hace unos días me incorporé a la red Twitter. De manera evidente, compruebo que, en esta red tienen cuenta muchas de las personas más relevantes de la vida social. Las modas son así, y en las altas esferas, casi necesarias.

Me llamó la atención (después de unos días conectado), cómo personas con esa imagen de superocupados, con las agendas repletas de compromisos, pueden pasarse las horas muertas enviando *tweets* (mensajes), sin descanso durante las veinticuatro horas. Llevando el móvil encima también podemos acceder a estas redes. Pero parece excesivo, todo el día dale que te pego.

Al margen de supercherías, lo más probable, y pensando en la gran desocupación laboral del momento, exista una suplantación consentida. Quién nos puede asegurar que, detrás de esa cuenta tan atractiva, el que responde o envía sus mensajes, no se trata de: la señora de la limpieza, su cuñada, su escolta personal o un robot japonés. Eso sí, con el cotejo por parte del interesado de ciertos estudios universitarios. Como pueden imaginar, el robot japonés no necesita cotejo…

Febrero 14, Albacete 2012

EL JUEZ QUE PREVARICÓ

Hay asuntos que se nos escapan más allá de la imaginación. Durante décadas, pasan por nuestras vidas acontecimientos que creemos razonables, incluso nos identificamos con las personas que los protagonizan, y que a la vez son portadoras de valores éticos, necesarios para una buena convivencia social. Que si no estoy equivocado, creo que es de lo que se trata.

El juez Baltasar Garzón, como magistrado de la Audiencia Nacional, tuvo un protagonismo acorde con su puesto de trabajo. Los delitos que se han de investigar y documentar son de gran trascendencia (terrorismo, narcotráfico, falsificación de moneda, etcétera). Por otro lado, los testigos suelen ser personajes de sobra conocidos por todos, con lo cual, la expectación aumenta.

Estar en la cresta de ola tiene un riesgo añadido en todas las profesiones, pero si la ola se produce dentro del poder judicial, se ha demostrado que la *muerte* por ahogamiento es segura.

La sentencia por prevaricación del señor Garzón ha sido contundente. La estrella que más luz tenía en la Audiencia Nacional, y que hemos visto brillar durante décadas, se ha apagado. Quizás nos sorprenda el nacimiento de una nueva, que así es como funciona la constelación del estrellato.

Prevaricar, es un delito que consiste en dictar a sabiendas una resolución injusta una autoridad, un juez o un funcionario.

Se me ocurre pensar: ¿Es posible que el que prevarique el último, prevarique dos veces?

Febrero 14, Albacete 2012

EL ARCOÍRIS

La reforma laboral aprobada en días pasados por el gobierno del PP con el formato de decreto Ley, deja con el culo al aire a los sindicatos de clases. Quizás, la tendencia sindicalista que vaya a juego con esta reforma, no se aleje mucho de una sola estructura sindical. También aquí, el gobierno puede decretar su implantación. ¿Por qué no, un sindicato vertical? Así, un sindicato nacional-sindicalista, corporativo, con una política intervencionista del mercado de trabajo; donde el trabajo y el capital no se crucen nunca. Este viejo modelo suplantaría al actual sindicato horizontal que, por otro lado, tampoco ha tenido mucho peso específico para negociar esta reforma.

Confirmado ya el talante de este gobierno, no es de extrañar que una de las consignas recogidas en las distintas reuniones mantenidas con la señora Merkel, tengan que ver con algún método contundente y alemán, por ellos utilizado en el resurgimiento de la postguerra. A mí me parece que, por mucho maquillaje que el gobierno español ponga a la solución de nuestros problemas, en el Consejo de Europa, las ojeras son lo primero que se nos ven. Las quejas y los llantos se han terminado. Si hay que resurgir de las cenizas, pues los alemanes en esto tienen experiencia. Además, el pueblo ha votado mayoritariamente por este gobierno. Ahora, tampoco vale quejarse.

Los sindicatos deben pensar en cómo reinventarse. No es de lucha de clases, dejar que la apisonadora del estado pase por encima de ellos, dejando atrás el largo camino que tanto esfuerzo costó conseguir.

Malos tiempos para el arcoíris. Esa franja multicolor que nos avisa del final de la tormenta, y que nos anima a seguir en la brecha día a día. Hemos sido los responsables de elegir un solo color, por lo tanto, con un horizonte monocromo, la tormenta será duradera.

Febrero 14, Albacete 2012

LA PIEL QUE HABITO

Volvemos a las andadas. Los bancos, en connivencia con los demás especuladores (sector inmobiliario, estado, estafadores de guante blanco, etcétera…), han sido los responsables directos de la ruinosa situación económica del país. Todos ellos quisieron repartirse la suculenta tarta. Los bancos, financiando hasta la fianza del atracador más buscado por ellos; el estado y las administraciones, poniendo el cazo a todo tipo de operaciones; las inmobiliarias y los estafadores de guante blanco, vendiendo pisos a precios inflados y consentidos por todos. Seguirán pensando:" las financiaciones para la chusma se han acabado" Como siempre, a los más sinvergüenzas; aquellos que se aprovechan de las necesidades ajenas de los demás para especular, pues nada, llega papá estado, y en vez de liquidarlos, va y les da liquidez. De risa.

Se han reído, se están riendo y se reirán, como siempre, de los que estamos al otro lado de la realidad. Aquellos que, vamos y votamos cuando hay elecciones; aquellos que, confiamos en las buenas palabras del director de la sucursal del banco de nuestro barrio, aquellos que, por más que nos las den cien veces en el mismo sitio, no somos capaces de decir: ¡Basta ya!

Las medidas económicas tomadas por la UE, así como por los distintos gobiernos, no han sido para ayudar a los empresarios y a las familias necesitadas. Otra vez se les ha dado el dinero a los especuladores de siempre; que por cierto, ya lo tienen a buen recaudo. La piel del ser humano, está compuesta por varios tejidos, si falta la primera capa, el desenlace es fatal. Pues de igual manera, si no se ayuda a injertar esa primera capa en la *dermis* de la economía de base, nunca el organismo al completo prosperará.

La salud económica (sobre todo) de algunos países, no acaban de superar las pruebas *sanitarias,* esas que, el *equipo de cirujanos* de las temidas agencias de calificación emite a diario.

Febrero 17, Albacete 2012

TIEMPO DE CARNAVAL

Una imagen vale más que mil palabras; así lo hemos ido constatando desde los albores del gran invento fotográfico. Las imágenes de la actuación policial en Valencia, cargando contra los alumnos del IES Luis Vives de esa ciudad, vuelve a destapar la caja de los truenos, también la de las fotos del pasado. Estas revueltas, desde posiciones gubernamentales, son consideradas iniquidades políticas de ideas contrarias, y que sus objetivos no van más allá de las hacer ruido ante las impopulares 'pero necesarias' medidas de recortes que el Estado ha implantado.

Tan políticamente correcto es gobernar de forma adecuada por el bien de un país, como el de protestar, para que esos sistemas de gobierno lleguen de forma justa e igualitaria a todos los organismos públicos que forman el Estado.

El carnaval está envuelto en un periodo de permisividad y descontrol, de esta manera, se rompe por unos días la monotonía de vida cotidiana.

El control de las cargas policiales sucedidas en Valencia contra los estudiantes del Instituto Luis Vives, se dirigieron desde el lado de la máscara, no de la realidad.

Las personas responsables de dirigir los destinos de un país, deben quitarse la máscara, aunque sea en tiempo de carnaval.

Febrero 24, Albacete 2012

UNA DURA BATALLA

Es de valientes luchar por la vida. La etapa en la que te encuentres es indiferente. El valiente lucha con las fuerzas que le son concedidas. Cuando están a punto de agotarse, los que han vivido muy cerca de ellos, recogen el testigo. Ayudan a superar las enfermedades de los seres queridos; si es a morir, será con la dignidad de los valientes, a través de esa fortaleza edificada en el amor recíproco. De esta manera, te llega el momento de convertirte en ese poderoso guerrero que, nunca sospechaste había en ti, pero que surge de esas fuerzas dormidas a modo de volcán que ignoramos. No estamos preparados para estas batallas, pero algo llamado amor y conciencia, de una manera más bien espontánea, nos ponen en marcha cual legión de espartanos en la batalla de las Termópilas.

El artículo de Virgilio Liante: "Superarás el cáncer" en La Tribuna de Albacete del pasado sábado, me reactivó la actividad volcánica dormida. Le admiro por su actitud ejemplar, y le deseo toda la fortaleza necesaria para seguir en la brecha.

Un abrazo.

Febrero 28, Albacete 2012

SALVAPATRIAS

Acaso tiene sentido el sinsentido. Pues definitivamente parece que sí. Patrias ya no existen. La espuria tendencia del mundo global, va difuminando este concepto. La putada es que, salvapatrias todavía quedan, y muchos.

Decían, que estar bien informado, consolidaba el sistema cognitivo de las personas, y de esta manera se podía conseguir una buena preparación intelectual. Esta filosofía ha pasado a la historia. Hoy, estar bien informado supone un atentado para la salud mental. El aluvión de noticias, nocivas para el ser humano, van llegando a modo de carta bomba. Así, una vez leída por el locutor de turno, o por nosotros en la prensa escrita, explota en nuestro cerebro. Todas aquellas precauciones que de niños nos iban llegando al interior de nuestra cajita cerebral, nada tiene que ver con las miserables noticias que nos llegan, minadas por contenidos que, vienen a ser peores que el armamento más vil, usado por los militares, en las guerras más sangrientas y absurdas que nosotros mismos inventamos.

Después de todo esto, todavía nos quieren hacer creer que somos gilipollas de remate. Nos engañan, nos manipulan, nos chulean, nos arruinan, y además nos venden estampitas de la madre Teresa, para tenerlos en nuestras oraciones.

El sinsentido gana por goleada a los grandes discursos morales y grandilocuentes que, ellos mismos, u otros como ellos, nos vendían no hace mucho tiempo.

¡Qué sea lo que Dios quiera! También nos lo enseñaron ¡Qué lástima…!

Marzo 1, Albacete 2012

ROCA ESPACIAL 2011 GA5

Paulatinamente, como animales gregarios que somos, hemos ido tejiendo una sociedad de individuos con la teoría de un fin común; que sea capaz de perpetuar la especie, y a la vez (en los humanos) ser capaces (en alguna medida) de disfrutar de la efímera existencia. Al menos, eso es lo que se adivina.

Esto no es exclusividad del ser humano. Otras especies funcionan de la misma manera. Solo hay una gran diferencia: no tienen conciencia del bien y del mal.

La mutación que nos ha hecho distintos de los demás seres u organismos que nos acompañan en el planeta Tierra, ha sido la consciencia. Este tipo de consciencia ha sido uno de los principales males para la conservación del planeta, y de sus habitantes. La muestra la tenemos con el deambular de nuestra especie a lo largo de millones de años. Hemos sido capaces de destruir nuestro hábitat, y a nosotros mismos. Esa consciencia interpuesta entre lo racional y lo irracional nos ha traicionado, y nos ha llevado a no ver el cuadro en su conjunto. La pregunta de rigor del ser humano: qué pintamos aquí, puede ser el gran error del ser consciente, el creer que pintamos algo. No hay nada que pintar.

Seguramente los millones de galaxias, acompañadas por miles de millones de estrellas, planetas, satélites, agujeros negros, meteoritos y demás elementos astrales, mirarán su existencia desde el lado neutro; ni del bien, ni del mal.

Formamos parte de una energía en movimiento que, de forma aleatoria, decidirá en qué parte del cuadro nos pintará. Puede que los pinceles y los óleos para el cuadro, viajen unidos a ese último meteorito que auguran los entendidos, llamado: roca espacial 2011 GA5, y que creen impactará con la Tierra en el año 2040.

Marzo 5, Albacete 2012

UNA VISIÓN OBSOLETA

Por más que nos empeñemos en crear condiciones de vida en espacios no naturales, más desvirtuamos todos aquellos modos elementales para la vida en su estado natural.

Nuestra visión espacial, aunque tridimensional, es bastante limitada. La realidad la entendemos dentro de un espacio; intentar controlarlo a cualquier precio, puede ser el error.

Con esa facilidad que tenemos para crear conceptos: políticos, económicos, religiosos… nos apresuramos a crear su espacio y posterior control: leyes, normas, reglamentos… ¿Inventos ideados tal vez desde perspectivas obsoletas? Quizás nos falte una nueva dimensión en esa dudosa visión que empleamos para ver el futuro; y que demostrado está, no goza de buena salud.

Otro fraude electoral despunta en el horizonte ruso. Otra visión obsoleta del presente, que hoy mismo comienza en Rusia. Será esa cuarta dimensión de la que carecemos, la que no nos deje adelantarnos a mejorar el presente.

Marzo 5, Albacete 2012

EL MANÁ DEL GOBIERNO

"Los sacrificios de hoy serán la prosperidad de mañana", así reza esta frase en los entornos del PP.

Existe un estrato social bien definido que ya sabe de esas reflexiones. No hay nada nuevo; cuando se producen desfases provocados por una mala administración de los recursos (de otros), siempre está la sufrida clase trabajadora para ofrecer su sangre.

El sangrante expolio que se hace a las nóminas de los trabajadores (subidas del IRPF, congelaciones de salarios, detracciones por imperativo legal…) viene a ser el maná que les llueve del cielo, a los que administran esos sacrificios, diseñados por ellos sin previo aviso.

Tras los innumerables atracos producidos a lo largo de las legislaturas de nuestros gobernantes contra las nóminas de los trabajadores, les rogamos encarecidamente que, no se incluyan en la prosperidad del mañana.

Una nómina será siempre el recurso que levante a una familia, un país, o un expolio económico provocado por politiquillos de tres al cuarto.

El sacrificio es siempre de las pobres hormiguitas. Nada nuevo bajo la capa de la tierra. Las frases grandilocuentes en este tipo de contexto, hasta duelen.

Marzo 6, Albacete 2012

HUELGAS INOCUAS

El montañero preparaba muy temprano el equipo adecuado para iniciar otra aventura más. Aquella mañana, la temperatura exterior rondaba los cinco grados bajo cero. Nuestro personaje, seleccionaba el material dentro de casa; estaba calentito. Para alcanzar su objetivo, debía elegir ropa con la que enfrentarse a temperaturas bastante más bajas que la del exterior de su casa, así como del material de escalada que le permitiera culminar su objetivo. Todo este ritual en la preparación del equipaje, le iba adelantando mentalmente las peripecias de su gran objetivo; de tal manera, que ya estaba generando adrenalina para dar y tomar.

El exito de su aventura reside principalmente, en elegir adecuadamente su equipo. Lo de la preparación física se sobreentiende. La ruta a seguir, podría ser incluso una incógnita. Este apartado, nos haría más arriesgado nuestro recorrido, pero no importa, añadir un reto más, podría alcanzar (nunca mejor dicho) cotas de vértigo.

El tejido trabajador de este país, de manera individual (como buenos montañeros, y al margen de asociaciones sindicales), deberá preparar el equipaje completo, para de esta manera, poder afrontar las inclemencias de la crisis laboral en ciernes, la cual se adivina dura en su duración y escalada.

Las huelgas sindicales en este país se adivinan con efectos inocuos, como las anteriores. Por lo tanto, el equipo a elegir, mejor individual.

Marzo 17, Albacete 2012

CUMPLEAÑOS LONGEVO ¡VIVA LA PEPA!

Si 'La Pepa' levantara la cabeza, no daría crédito a la cantidad de 'pepes' que han sido votados democráticamente para gobernar la vieja piel de toro. El espíritu de la Constitución de 1812, aunque muy liberal para su época, nunca podría esperar que, después de pasados doscientos años de su promulgación, los avances políticos en su lugar de nacimiento, fueran tan distantes del origen de su prometedora existencia.

Cómo se puede celebrar el doscientos aniversario de la Constitución de Cádiz, con el semejante rebaño de indocumentados que, según los sondeos demoscópicos realizados estos días, indican que, en los próximos comicios andaluces, el color de los ganadores, será mayoritariamente monocolor. Un color, nada parecido a los tintes con los que se vende este cumpleaños.

O los tiempos han cambiado mucho, o nuestros queridos gaditanos, acompañados de los demás andaluces que configuran las listas de futuros votantes de los comicios regionales se han vuelto locos. Una región, presumiblemente rodeada con el aura de esa celebración constitucional, basada en los sueños liberales de un pueblo oprimido por un control capitalista, es inversamente proporcional al bombo y platillo de estas promulgaciones. No se entiende que, la intención de voto de los que allí moran, pueda llevar a la misma, a un control muy distinto del de sus sueños.

Puede haber una grieta en la añorada 'Pepa' por la que tengan cabida estas celebraciones, y no es otra que, no separar el poder político del religioso; tomando partido inexorablemente (en este caso) por la religión cristiana. Y así en su artículo 12 venía a decir expresamente: "La religión de la Nación española es y será perpetuamente la católica, apostólica, romana, única verdadera. La Nación la protege por Leyes sabias y justas y prohíbe el ejercicio de cualquier otra."

Nos formamos ideas o arquetipos muy distantes de la realidad. Bueno, de cualquier manera, por celebraciones que no quede, así que, ¡Viva la Pepa!

Marzo 18, Albacete 2012

VENGANZAS ABSURDAS

¿Qué esconden los viles asesinatos perpetrados días atrás en Toulouse (Francia)? y que acabaron con la vida de personas ubicadas socialmente en el ámbito de la enseñanza (colegio judío) o el ejército.

Un individuo, conduciendo una motocicleta de alta cilindrada, y armado hasta los dientes, no duda en descerrajar el cargador de sus pistolas contra grupos de personas, por él encasilladas, en el desbordamiento mental de ideas enfermas y radicales que le reclaman una absurda venganza.

La frialdad de disparar a quemarropa contra personas inocentes, viene ocurriendo últimamente de igual manera que sucede en los juegos cibernéticos; donde disparar contra todo lo que se mueve, es primordial para conseguir la puntuación más alta del *ranking*.

Quizá, el entorno de las personas contra las que dispara indiscriminadamente, dará pistas a los investigadores del tipo de enfermedad social o mental que este individuo adolece.

No cabe en qué pensar con estas actuaciones demoledoramente asesinas. Hasta el momento, la policía anda a la busca y captura del asesino que, alocadamente andará a toda velocidad dentro de esos dos mundos (real y virtual) en los que probablemente elija según el momento emocional. Todo ello, en busca de venganzas, que nada tienen que ver con el respeto por la vida de niños, profesores o militares que tranquilamente viven en sus ciudades.

Marzo 20, Albacete 2012

UN NUEVO 'MESÍAS'

No se hagan más preguntas trascendentales sobre nuestros orígenes. El origen de la vida está en el fútbol. El mesías prometido ha vuelto a la tierra; esta vez, vestido con pantalón corto. Su nombre: Lionel Andrés Messi, más conocido como Leo Messi. Si en las iglesias se habla de Jesucristo como enviado divino para redimir los pecados del hombre; hoy, en los campos de fútbol, se habla de un jugador incomparable a cualquier otro en el balompié, como hacedor de jugadas inverosímiles. Messi acapara la atención de todos los entornos sociales por sus grandes hazañas: "puntapié y ¡¡goool!!". Todos los hombres de buena voluntad (bueno, o que se le supone) atribuyen estas cualidades a un poder desconocido, que ningún otro ser humano es capaz de igualar. Messi, acompañado de sus diez "apóstoles", y un padre deportivo llamado "Pep", dejan boquiabiertos a todos sus discípulos por todos aquellos campos de fútbol por donde anuncian su "buena nueva". A Messi (el nuevo mesías), le han sido reconocidas en todas las partes del mundo sus extraordinarias habilidades "sobrenaturales", y por ello, ha sido obsequiado con toda clase de metales preciosos, modelados en forma de: balones, botas, copas…

Creo que a estas alturas, la única noticia que nos podría sorprender sobre el fenómeno Messi, sería su aparición espontánea en dos campos de fútbol a la vez. Qué les parece si un día apareciese jugando a la misma vez con el Barcelona y la selección Argentina de fútbol. ¿Cuál sería la reacción en los ámbitos religiosos?

Marzo 21, Albacete 2012

PÁNFILOS

Ayer, día de estrenos en las salas de cine, me pasé a ver la película "Extraterrestre", del director Nacho Vigalondo.

El guión de la película, relata la historia de una pareja de jóvenes que transcurre el fin de semana; bueno, si empezamos a contar desde el jueves, el fin de semana se puede convertir en más de media semana de 'colegueo' e intercambio de experiencias. A lo que íbamos, una pareja, después de una noche de sábado con algún exceso que otro, aparecen en el piso de la chica. Para nada recuerdan lo que pasó esa noche; y como extraños, van admitiendo vagamente que algo les une, pero no saben el por qué.

El surrealismo aparece (aparte de la historia) en el pánfilo diálogo utilizado durante toda la película. Si a esto le incluimos, la invasión de ovnis de diámetros inimaginables, ponen en duda si, los orígenes de esta historia están basados en el momento coyuntural de la juventud, o están inducidos por las extrañas interferencias que producen las naves extraterrestres en el cielo de Madrid.

Durante toda la película, surge la duda de una posible suplantación alienígena entre ellos.

Hay escenas de batiente carcajada, por lo que se puede pasar un buen rato de intriga intrascendente.

Marzo 26, Albacete 2012

¿LEY DE TRANSPARENCIA?

Las transparencias a las que estamos acostumbrados (por ahora), son aquellas que, muy sensualmente, pasean por doquier, esas personas afortunadas (o disciplinadas) que poseen un físico que quita el hipo.

En cuanto a la Ley que se quiere crear, yo me pregunto, si las transparencias se aplicarán realmente de cara a los ciudadanos, o más bien al refinamiento de las actuaciones de guante blanco, tan mal realizadas por algunos políticos.

"Donde existe la Ley, existe la trampa"; no se pueden crear Leyes para acabar con la trampa, porque si no, las mismas leyes desaparecerían; y ya solo nos faltaba eso. Ciudades sin Ley, como en las películas del oeste americano. Aunque, nos vamos acercando…

Marzo 26, Albacete 2012

REALIDAD INVISIBLE

Todos los días nos enfrentamos a ella. Intuimos controlarla. La buscamos en las profundidades del alma, de la razón, del mar, del abismo, de la religión…

Queremos invadirla, notarla, abrazarla. Pero no la vemos. Entra, y nos abandona al instante; para volver de nuevo en otro momento. Día a día se nos presenta, pero estamos ciegos.

Nos hacemos millones de preguntas a lo largo de nuestra vida; quizás no sean las adecuadas. De tal manera que, una respuesta tan sencilla, capaz de contestar a esa pregunta impensada, ponga de manifiesto nuestra palpable ignorancia ante la realidad.

Seguramente, los momentos cotidianos, ignorados por no ser relevantes, y rechazados por no formar parte de los grandes retos del ser humano, nos facilitarían, esas 'lentes' necesarias para poder ver la realidad que se nos escapa.

Marzo 26, Albacete 2012

MENSAJE SUBLIMINAL

El ministro de Justicia, Alberto Ruiz-Gallardón ha asegurado que: "para garantizar el derecho a la maternidad", el Ejecutivo cambiará la Ley del Aborto. Y aportó un argumento más para el endurecimiento de la interrupción del embarazo: "La libertad de maternidad es lo que a las mujeres les hace auténticamente mujeres".

En política; para que cada cual arrime el ascua a su sardina, basta con construir algún mensaje subliminal; por cierto, con referencias liberales a un tal Azaña. Y si antes la libertad empezaba donde terminaba la del semejante, ahora, la del semejante (neonato) empieza donde diga el señor Ruiz-Gallardón. De esta manera, el señor ministro nos hace ver que la libertad de la mujer es: no interrumpir el embarazo. Si queremos mujeres auténticas, estas deben parir a toda costa, sin rechistar. Después, ya se verán las soluciones a los problemas de esos hijos nacidos en circunstancias 'no favorables'. Ya sean debidos a: circunstancias coyunturales relacionadas directamente con las leyes de educación (tan variables como veletas al viento), y que dañan el tejido estructural de nuestra sociedad, como es el de la familia.

Lo coherente en el tema de la modificación de la Ley del Aborto es, no jugar con las libertades de las mujeres. Es un cachondeo (así, como suena) que ayer, esas libertades estuvieran vinculadas a la libre elección de abortar (según la Ley), y hoy estén estigmatizadas en favor de su modificación legal, premiando la maternidad a toda costa.

Marzo 29, Albacete 2012

¡QUÉ PENA EN ASTURIAS!

En el agresivo mundo de las finanzas comerciales, existen estrategias demoledoras dentro de los mercados donde compiten. En este tipo de mercados llamados libres, valen casi todas las martingalas. Los hilos se mueven de tal modo que, por ejemplo, una marca de electrodomésticos o de neumáticos, para golpear a su contrincante de mercado, es capaz de dividirse (cual célula madre) creando una segunda o tercera marca; utilizando otros nombres comerciales que, nada tienen que ver con el principal.

Presumen los del PP de ser grandes empresarios y emprendedores; y nada hay que reprochar a estas cualidades tan necesarias para estimular las economías de libre mercado.

En Asturias, el señor Álvarez-Cascos y algún que otro barón del PP, decidieron emular la empresa con la política, y de esta manera crear una segunda marca de este partido político: Foro Asturias.

En lo que se han pasado, tanto el Foro Asturias como el Partido Popular, ha sido en la tomadura de pelo realizada a los asturianos al haber urdido una estrategia (siempre en teoría y con reservas) a modo de empresa multinacional, habiendo diversificado en dos partidos políticos las intenciones de solo uno. Manera esta, sibilina, para llevarse el gato al agua.

Al señor Álvarez-Cascos se le ha visto el plumero al ofrecer al PP un acuerdo abierto, sin excluir darle la Presidencia del Principado de Asturias, cual acto democrático intachable.

¿Maniobras orquestadas? Probablemente, pero a modo de empresarios de alto nivel.

Marzo 30, Albacete 2012

RECETAS AUSTERAS

Para recuperarnos de la huelga general con los consabidos desajustes, recibamos a la Semana Santa como bálsamo de Fierabrás.

Para continuar con la tradición culinaria de estas fechas; y aprovechando el lamentable estado de algunas despensas, vamos a preparar una receta que, a la vez que austera, nos puede facilitar un momento de placer para los sentidos.

Nos metemos en harina para preparar unas esponjosas Torrijas; con mucha tradición en estas fechas.

Ingredientes: Con unos mendrugos de pan duro (fácil de encontrar), un poquito de leche (no mala), dos mondaduras: una de naranja y otra de limón (este ingrediente es fácil de conseguir), canela en rama (si no tenemos, se lo pedimos a la suegra, que de eso no le faltará), tres pares de huevos (valen huevos de nido ajeno), unos azucarillos (aunque sean de los cogidos distraídamente en el bar), medio litro de agua (puede ser de la fuente pública), aceite (usaremos unas muestras gratuitas que nos obsequiaron en la feria) y dos cucharadas de *brandy* (si no tenemos, pues del jarabe del abuelo, de ese que le coloca).

La elaboración es la de siempre: Colocamos las rebanadas de pan duro en un recipiente. Ponemos la leche al fuego con los azucarillos, las pieles y la canela. Dejamos hervir, lo colamos y vertemos sobre el pan duro. Maceramos 15 minutos.

Para preparar el almíbar, ponemos en un cazo al fuego el agua con el azúcar y el jarabe de la tos del abuelo y cocemos a fuego lento 15 minutos. Apartamos del fuego y dejamos enfriar.

Batimos los huevos y, con una espumadera, pasamos las rebanadas de pan por el huevo batido y freímos en abundante (bueno, lo de abundante se puede menguar) aceite hasta dorar. Las sacamos y las escurrimos sobre papel absorbente (vale de periódico), colocamos en un recipiente y vertemos el almíbar por encima.

Podemos comprobar cómo, en tiempos de crisis también el ingenio nos abre una puerta para el disfrute de los sentidos.

Marzo 30, Albacete 2012

MUSARAÑAS

Me lo recuerdan estas fechas de Semana Santa.

Ya de pequeñito se me quedó grabado en la memoria. Por aquel entonces era muy habitual acudir (junto a toda la familia) a misa. Nosotros íbamos a la de doce. No dejaba de ser un rollazo. Cuando llegaba el momento de pasar la bandeja, mi padre metía su mano en el bolsillo y me decía. "Ahí tienes, una peseta es para ti y diez céntimos que has de echar". Al instante el monaguillo me puso la bandeja delante. Una vez que deposité la moneda, me cambió la cara. Craso error. Eché la peseta y me quedé con la moneda de diez céntimos. Por un momento pensé decir al monaguillo que me la devolviera. Pero no, la di por perdida. Acabaron mis ilusiones domingueras. Ya no podría comprar las dos canicas de 'cristal' y los dos chicles "bazoka".

Siempre agradeceré aquella lección edificante. La decisión de la limosna a depositar estaba en manos de un niño, pero la madurez de qué moneda echar, radicaba también en la decisión a tomar.

Moraleja: Cuando tengas que decidir momentos trascendentales, más vale que centres todas tus atenciones en la decisión que has de tomar, que en las musarañas que perturban tu incipiente coherencia.

Abril 5, Albacete 2012

"SPAIN IS DIFFERENT"

Con este eslogan se vendía España no hace tantos años. Era uno de los lemas ideados por el franquismo, para atraer el turismo exterior. Y así sigue siendo: diferente.

Su variopinta geografía fue debida principalmente al movimiento de placas tectónicas surgidas hace unos trescientos millones de años, al separarse del único continente que existía, Pangea. La península ibérica quedó vestida con este traje geológico; regalo de los cataclismos terrestres, y no de un plan de desarrollo hecho por el Ministerio de Turismo. Aquí, el protagonismo orográfico viene de manera natural.

En donde sí somos protagonistas, es en nuestra manera exótica y contradictoria de convivencia.

En España, la mayor parte de la población (un 73,2 %) se declara católica. Aunque nada más que un 13,7 % dicen ser practicantes.

En cuanto a actos religiosos, sí que 'vendemos' bien las procesiones de Semana Santa, donde un cierto trasfondo económico-verbenero aflora como blanca espuma de cerveza (con perdón).

En este país somos perseguidores acérrimos del fraude fiscal, pero solo de cara a la galería, claro. Los defraudadores saben de la vehemencia del gobierno en la evasión de capitales, como en su retorno sin coste alguno al proclamar amnistía a *tutti plen*.

Por mucho que se empeñen las normativas municipales de erradicar la prostitución en los barrios de las ciudades, no importa, el virus mutará. El periódico The New York Times denuncia un *boom* en el "Turismo de burdel en España". Por lo tanto, lo que por un lado se prohíbe, por otro se legaliza. Es el momento de matar dos pájaros de un tiro legalizando cuanto antes "Euro Vegas".

Podríamos seguir con las contradicciones *Tipical Spanish,* pero por hoy, ya vale.

Abril 9, Albacete 2012

¿ES EL ENEMIGO…?

En los titulares de la prensa se decía: "Convocar algaradas por Internet llevará a la cárcel a sus promotores"

El ministro del Interior, Jorge Fernández Díaz, ha anunciado reformas en el Código Penal con el fin de poder exterminar la 'resistencia pasiva' en las ciudades, considerando estos actos como motivo suficiente de 'atentar contra la autoridad'. Se impondrán penas mínimas de dos años de cárcel para los cabezas pensantes.

Uno de los recursos con derecho al pataleo que nos queda a los ciudadanos del montón, tiene los días contados.

Internet se convierte en un sistema muy difícil de controlar por los gobiernos cuando ruge la marabunta. Organizarse logísticamente a través de los recursos avanzados de comunicación que, el propio gobierno aconseja desde los sistemas de educación, ya no vale. Por lo tanto, como la mejor defensa es un ataque, se acabaron los púlpitos de las redes sociales y las guerrillas urbanas. Y así, muerto el perro se acabó la rabia. Internet si, pero no para excitar a las masas.

Me estoy acordando del humorista Miguel Gila cuando parodiaba escenas de guerra. ¿Es el enemigo? Mire, que como ya no nos dejan organizar nada por Internet, que si nos pueden subvencionar con algo para repartir octavillas por las Iglesias, los campos de fútbol, los botellones, las colas del paro…

Abril 11, Albacete 2012

EL TAN DESEADO 'FINDE'

Son muchas las esperanzas puestas en el fin de semana. Todas ellas, relacionadas con aprovechar al máximo ese tiempo que, a veces, por más que queremos, se lo adjudican por las bravas propietarios ajenos.

Por si fuera poco el tiempo destinado durante toda la semana a los menesteres cotidianos, llega el esperado día, y zas: cazado. "Recuerda cariño, que la semana pasada me dijiste que ibas (sin falta) a arreglar el grifo de la cocina. Lleva goteando dos meses". "Que no se te olvide bajar a casa del vecino y explicarle el por qué del recalo. No sin antes haber llamado al del seguro. Por cierto el último recibo lo devolvió el banco". "Bueno cariño, ya sabes lo que te quiero". "Ah, el partido de fútbol que ibas a jugar el sábado con tus amigos, tendrás que anularlo". "A los niños los traen fritos con tantos deberes. Necesitan el ordenador para terminarlos, pero dicen que no aparece ni un solo dato de los que han estado trabajando durante toda la semana". "Mira a ver si puedes solucionarlo. Te advierto de que tu madre estuvo chateando el miércoles pasado con sus amigos del club. La oí decir: "vaya castaña de ordenador antediluviano", y luego dicen de mí".

Todas esas hipotéticas teorías que han ido solapando nuestro córtex cerebral, nos evidencia que, todo es una falsa patraña.

Como siempre, los que dirigen los hilos (que no son muchos), tienen decidido de antemano que, los jóvenes deben empezar a emborracharse los jueves (claro, con el dinero de los esforzados padres) y de esta manera, se crean varias adicciones a la vez: al alcohol, a los números rojos a final de mes, a trabajos de mantenimiento doméstico (hay que ver mi hijo, es un manitas…)

'Findes' de dos velocidades. Como los 'arreones' que mueven a los deportes del motor y de los que somos líderes. Diseñados por expertos, para hacernos la vida más cercana a esa felicidad tan deseada, pero que nunca llega.

Por cierto, la póliza del seguro no cubrió los desperfectos por daños del vecino. Los niños no pudieron presentar los deberes, pues en el ordenador, solo aparecían fotos de apuestos jubilados del club del barrio.

Abril 14, Albacete 2012

¿CAZADORES DE QUÉ?

Cuanto mayor sea la cantidad de dinero que se interponga entre los sueños para poder ser conseguidos, menor será el grado de impacto que ocupará en nuestra memoria, como un bien de incalculable valor.

Cuando veo las patéticas imágenes de esos 'valientes' cazadores, que se hacen la foto con animales majestuosos, abatidos a tiro limpio a cambio de fabricando sueños y unos miles de euros, pienso en la bajeza del ser humano.

Animales, cuyos orígenes son muy anteriores a la bestia fusilera que se los carga. Después de su caza, y en un baño de vanidad, ordenarán enmarcar la foto con el trofeo, y de paso colocarla encima de los percheros de marfil, hechos con los colmillos de ese longevo mamífero. Seguramente, los percheros serán fabricados por una gran empresa de marca de postín en decoración. Para lo cual, esos enormes y blancos colmillos, (paseados con ingenuidad) por las selvas africanas, serán insertados en soportes de oro y diamantes.

Cazadores de vanidad, donde sus sueños no son otros que, relacionarse con vanidosos acumuladores de trofeos; pagados con grandes cantidades de dineros, tal vez procedentes de paraísos fiscales, y no de paraísos oníricos, donde el dinero en estos casos es sustituido por grandes cantidades de empatía y cariño.

Abril 16, Albacete 2012

FABRICANDO SUEÑOS

Estaba bien guardada en el cajón de la mesita de noche, dentro de un estuche de terciopelo azul marino. Dormía cual delfín que presume de su piel brillante en las profundidades de los océanos.

La curiosidad de cualquier niño, buscador innato de sueños, la encontró allí. Majestuosa. Su tamaño invitaba a acurrucarla entre las manos. El niño la cogió. Notó un escalofrío que le recorrió todo su cuerpo. Parecido a los recuerdos que nos abordan cuando ya vamos entrando en años. Sabía muy bien por su abuelo del incalculable valor de esa maravilla. Fabricada por piezas, como esos puzles que tanto le gustaba hacer en el colegio. Las dos partes principales encajaban perfectamente una dentro de la otra. Era un ensamblaje técnicamente perfecto. Podía despertar de su posición de letargo y convertirse en una fiel compañera de aventuras. Es embajadora en cualquier parte del mundo por su elegancia, también por su seriedad, su importancia en la economía, pero sobre todo, por ser la consecuencia de un bien que, nunca mejor dicho, se fraguó por personas de la tierra que la vio nacer. Perdurará para siempre, como todas esas actividades cuidadas y hechas con mimo. Luego crecerán y se modernizarán, pero amigo, los orígenes nunca se olvidan y pasan a la historia.

La navaja de Albacete, aunque con sus detractores e imitadores como cualquier persona o elemento que brilla por sí mismo, siempre estará arraigada a esta tierra. Con ese temple que la caracteriza, y esas cachas que, ya quisieran para sí muchos gimnastas de élite.

Abril 18, Albacete 2012

VUELVE LA RECESIÓN

Las medidas económicas para abordar la recesión ya no las corrige un cambio de timón en el rumbo. Simplemente porque no hay agua para navegar. Y si queda alguna, está a buen recaudo como el petróleo.

Si la maquinaria que mueve la economía, aún produciendo algún movimiento, no puede vencer al medio en donde se navega, puede ser debido a dos máximas: o los ingenieros no son los adecuados para diseñar los sistemas, o que estos sistemas están desfasados y no son aplicables en los supuestos actuales.

Creo que ha llegado el momento de pedir públicamente perdón. Ya saben. Es un gesto de honradez y de humildad, muy adecuado para contrarrestar algunos pecados capitales. Puede parecer una actitud desfasada socialmente, pero podría conseguir un cambio de buenas intenciones más favorable, al menos con aires renovados, para poder navegar con la vela al viento. Desde esta posición, que cada ciudadano se dedique a lo que se supone que sabe hacer. Los gobernantes a gobernar (si, a gobernar). Los empresarios a trabajar honestamente, con los márgenes de beneficios adecuados para irrigar sus balances con buenos números, y con ello generar puestos de trabajo. Los parados a trabajar como trabajadores, no como empleados apestados por la desgracia de la recesión, con sueldos nada ventajosos. A los trabajadores en activo, públicos y no públicos, reconocerles su labor y sacrificio por ser una de las partes activas que intentan mantener a la recesión a raya. Los salarios de estos ciudadanos, intervienen directamente en el cálculo del P.I.B. Por un lado, ayudan a frenar a la recesión, y por otro, es válida como herramienta que utilizan los gobernantes para intentar crear una maquinaria más adecuada, que haga funcionar la paupérrima economía en recesión.

Oigan, de utopía también se vive.

Abril 23, Albacete 2012

COMENTARIOS EN LA FÓRMULA 1

Les puedo asegurar que la velocidad me pone. Dicen que el sexo masculino es más proclive a dejarse engatusar por esta sensación liberadora de adrenalina; producida según la física, por la distancia que recorre un objeto en una unidad de tiempo. En los deportes donde se utiliza, se culmina con la aceleración, que es la tasa de cambio de la velocidad.

Creo que la relación entre la velocidad, la aceleración y la liberación de adrenalina, puede llegar a generar un estado de idiotez en el narrador de este tipo de acontecimientos deportivos que, hasta puede rayar lo obsceno.

Narrador: "La Carrera no se sabe si será en seco o en mojado. Según el polvo, optarán por montar gomas duras o blandas. La degradación puede ser total. No se sabe si irán a una parada o a tres. A dos seguro que no. Algunos mejoran en la Q1, en la Q2 tienen problemas de suciedad…"

Por más velocidad que se ponga en el relato de la carrera, simplificando el lenguaje de su narración, no por ello, los vehículos y sus pilotos irán más deprisa. Es mejor emplear un lenguaje más sosegado. Así, esas imágenes de vertiginosa velocidad, se verán equilibradas hacia los que escuchan con una pauta calmada. De esta manera, entenderán que, el polvo, las gomas, la degradación, seco o mojado y la caída de unas gotas, no son debidas al rodaje de una película porno, sino al relato acelerado de un narrador que, le puede la emoción por encima de la profesión.

Si este acontecimiento es por la televisión, con imágenes, no es todo lo peor. Imagínense escuchando la carrera por la radio, con la suegra al lado, haciendo como que lee. Si no está muy sorda y aún está en sus cabales, es probable que hasta se ruborice, e incluso que llegue a pensar mal de su 'querido' yerno.

Abril 24, Albacete 2012

TODO ES UN JUEGO

Necesitamos todos los mecanismos ideados y por idear para poder controlar (sobre todo) a sus propios inventores; y aún así, cuando aquellos se despistan, llegan otros y se la endosan con recochineo. Mientras que no cambie la novela de policías y ladrones, todo seguirá igual.

Nuestros políticos (en este caso me refiero a los que ostentan el gobierno) se pasan parte del tiempo que dura la legislatura, por un lado, echando balones fuera que pertenecen a partidos anteriores, y por otro, enviándoselos en cada discurso a los del equipo anterior. No debieron haber utilizado (los que ahora están en la oposición) los equipos adecuados del mercado, para hilvanar jugadas de prestigio cuando tanto balón salía del campo. Viendo los ahora opositores que, como equipo no tenían futuro, ahora hacen acopio de tarjetas rojas y actúan de árbitros. De cualquier manera, y al estilo de los colegiados deportivos, son ingentes las actas que se elaboran con contenidos de: agresiones, improperios, atracos, insultos que se hacen entre sus señorías. Y lo peor de todo es, las que se hacen apelando a la Constitución, al convertirse en un indicador de mala salud en la aplicación democrática.

Si los balones fueran recogidos sin más, y depositados para ser usados en el próximo partido como en el fútbol, pues todo tan normal. Los balones de la política dan peor juego, porque después van a parar a los juzgados, y aquí sí que colapsan los mecanismos (ideados y por idear) para controlar a los que los echan fuera y a los demás ciudadanos.

Todo es un juego. Para participar ya saben, además de pasar por las urnas para elegir a sus nuevos equipos, no dejen de leer la prensa y oír las noticias por internet, radio y televisión.

Abril 25, Albacete 2012

TARDE DE ABONO

Encima de la mesa del gobierno están los recortes que han de sufrir la Sanidad y la Educación en nuestro apaleado país.

Sabemos que el morlaco está en el ruedo, y además es del tamaño de un poderoso Miura. Claro, ahora hay que saber lidiarlo. Para ello, maestría y temple maestro. Hay que tener en cuenta que, los espectadores entienden mucho de cuernos, y saben cuándo un toro está afeitado. La faena pierde mucho, cuando los pitones en vez de saetas, parecen brotes de bambú. El riesgo de la intervención vendrá después en forma de pitos, broncas y abucheos.

En los objetivos de cualquier sociedad que presume de avanzada tiene preferencia, poder ofrecer calidad a la vida de sus ciudadanos. Es entonces cuando hay que dar prioridad a los recursos de los que se disponen en sus presupuestos. Si empezamos a recortar en orden inverso, lo primero que nos cargamos es el objetivo principal de la sociedad soñada.

Este gobierno por encima de otros recortes posibles, apuesta por hacerlo en Sanidad y Educación.

Para qué una Sanidad gratuita con lo desagradecidos que somos. Somos demasiado quejicas. Por lo tanto, los que se quejan sin razón por blandos, a pagar. Paralíticos que tendrán que volver a andar, porque las ambulancias serán de pago. Enfermos terminales que terminarán antes su vida, porque ya no podrán recibir los tratamientos adecuados de hemodiálisis, radioterapia, quimioterapia, etcétera.

Para qué I+D. Investigar y desarrollar no está de moda. Cuanto más se investigue, más culta se vuelve la sociedad, y más opciones para abordar problemas de envergadura. Pero esto no interesa a las altas esferas que rigen esta sinrazón.

Los investigadores emigrarán a los países donde apuesten por una sociedad digna. Eso si, luego con el paso de los años, los recibiremos con todos los honores. A eso no nos gana nadie.

Abril 27, Albacete 2012

MIOPÍA

Basta con apretar el botón equivocado en la memoria interna de nuestra consciencia, para que nos cambie la vida por completo. Cada individuo está adosado a sus circunstancias, y no a sus decisiones. Estas se diluyen por completo en el espeso caldo de cultivo donde se encuentran. En el menú de opciones que nos facilitan nuestros pensamientos, nunca aparece la opción: circunstancia. Varios elementos a la vez, no pueden ser llevados a la decisión con un solo botón. Nos arrepentimos infinidad de veces de algunas decisiones tomadas, cuando en realidad, esas decisiones no fueron elegidas por nuestro consciente, sino por el inconsciente. De ahí que nos cojan a traición, y nos lleven a pensar lo ciegos que estábamos.

Deberíamos instruir a nuestro sistema cerebral con una disciplina más global, de esta manera, para ver el bosque no tendríamos que ir chocándonos de árbol en árbol, como cualquier miope visual.

Abril 29, Albacete 2012

TRABALENGUAS

Sobrevalorar los mercados es una sibilina y bien cimentada labor de sus mercaderes. Algunos clientes habituales de esos mercados (anímicamente) enarbolan también el estandarte de la especulación. Y así sucesivamente. Esta agonía en cadena, acaparadora de bienes materiales, hizo de la economía de mercado un auténtico templo de mercaderes, donde cualquier especulador de medio pelo llegaba a enriquecerse a una velocidad endiablada. La moneda de cambio: el ladrillo. Economía de mercado loca y desbordada por la connivencia de sus mercaderes; con clientes ignorantes, cargados de estereotipos sociales. El paso del tiempo, como suele suceder siempre, nos descubre la intención de las acciones del pasado, y nos pone de manifiesto que, los que fabricaron y se repartieron el pastel, fueron las grandes empresas inmobiliarias y los bancos, acompañados por el afán recaudatorio de las instituciones estatales. Algunas empresas y autónomos con vagos conocimientos sucumbieron. Fueron engullidos por los inventores principales de la operación ladrillo. Algunos, rescatados del naufragio por sus afines.

Las bofetadas más sonadas van a parar a los de siempre: la sufrida clase media. Los que viven de una retribución mensual, los que corren el riesgo de que sus sueldos queden diezmados por la recesión, con presupuestos endémicos, difíciles de enderezar.

Crisis, políticos, banqueros, desempleo, congelaciones y retrocesiones salariales, subidas de tarifas en recursos básicos, prevaricaciones, estafas, privatizaciones, desahucios, embargos; circunstancias todas ellas, propicias para que la sufrida clase media no piense jamás en convertirse en *Business Class.*

Un trabalenguas: "El país está enladrillado, quién lo desenladrillará, el desenladrillador que lo desenladrille, con la sufrida clase media jugará"

Mayo 1, Albacete 2012

TIEMPO DE PIRATAS

Hace unos años, las noticias internacionales nos alertaban de los abordajes sufridos por los buques de cualquier nacionalidad, que transitaban frente a las costas africanas de Somalia.

Algunos medios de comunicación, argumentaron su información basándose en la existencia de una trama de piratas y mercenarios de origen británico que se repartían el botín. También se atribuía a bufetes de abogados británicos la exclusiva labor de medicación en estas extorsiones.

Hace unos días, la presidenta de Argentina Cristina Fernández (apelando al espíritu de su fallecido marido) nacionaliza YPF (Yacimientos Petrolíferos Fiscales), empresa filial de la española Repsol. Hoy, primero de mayo, y en homenaje a los trabajadores, el presidente boliviano Evo Morales expropia la filial de Red Eléctrica Española.

Al igual que la piratería se organiza para saquear y expoliar los bienes ajenos, estos países (considerados Iberoamericanos) nos sorprenden con estas actuaciones. Aducen falta de interés en las inversiones económicas de estas compañías españolas, pues no invierten lo suficiente como para que su propia economía se corresponda con las ganancias de las que tienen su explotación.

Al igual que la piratería en Somalia, donde se descubrieron intereses mediáticos, es probable que en el caso que nos ocupa, se hayan colado de igual manera intereses de otros países extranjeros, que pujan por la explotación de pozo de petróleo y compañías eléctricas. En las mejores familias, también están claramente constatadas, las rupturas entre hermanos por intereses económicos.

Estaremos pendientes de las noticias de estos abordajes, no vaya a ser que, se sucedan amotinamientos, muy comunes entre piratas.

Mayo 2, Albacete 2012

EL AVARO

Se entrenaba para estar muerto. El pobre hombre murió sin disfrutar de la vida. Su familia le instruyó desde que tuvo uso de razón en la disciplina heredada. Sus padres, no se cansaban de decirle:"¡¡ No puedes ir por la vida compartiéndolo todo a cambio de nada!!" Nos ha costado mucho sacrificio sacarte adelante para que tú vayas dilapidando por ahí nuestro sacrificio. De generación en generación dejaron bien claro que la empatía es uno de los demonios más perturbadores que nos acecha, y que debemos de enfrentarnos a él día a día sin piedad. La avaricia anegó el manantial de agua cristalina de su incipiente consciencia, que fue cambiando por una charca de agua estancada y maloliente; fruto de una educación apestosa, bien cimentada de padres e hijos con el fiel juramento de no compartir.

Mayo 7, Albacete 2012

TROGLOBIO

Corrían los años 1970 cuando un grupo de jóvenes de Albacete decidimos iniciar la aventura hacía lo desconocido. La espeleología encerraba todo el misterio necesario para descubrir nuevos mundos. Buscar un nexo de unión entre los jóvenes de aquella época, era otro reto juvenil. Así: Ernesto, Chicho, Cózar, Germán, Aparicio, Rafa, Jesús, Antonio, Perico, Felipe, Pérez Pena, Navarro, hermanos Arroyo y algunos más, componíamos el Grupo Espeleológico Troglobio. Se puede decir que fuimos pioneros en nuestra provincia y limítrofes.

El nombre de identidad puesto al grupo: Troglobio, proveniente de animales que, sin ser originarios de las cuevas, se adaptaron de manera ejemplar a ellas. Los jóvenes hacíamos lo mismo, adaptarnos a la vida para poder sacar el máximo rendimiento a través de la amistad, la disciplina y el conocimiento. Ese nexo de unión debió funcionar bastante bien, pues hace unos días (pasados más de treinta años) volvimos a juntarnos (no todos, por desgracia) y los celebramos con una comida de hermandad muy emotiva. En el ambiente se notaba esa fuerza inexplicable que nos acompañaba en los momentos de máximo riesgo al deambular por las gateras, escalas y las inmersiones realizadas en las entrañas de la tierra. ¿Fuerzas del más allá? Brindamos con la emoción por bandera por nuestros colegas del alma.

Mayo 10, Albacete 2012

CONSTRUIR LA AMISTAD

Gran parte de las personas que habitamos las zonas más 'avanzadas' del planeta, hemos ido perdiendo el interés por nuestras relaciones personales y directas a la vez, hasta el punto de considerarlas innecesarias. Hay algunas de obligado cumplimiento, como son aquellas que nos aseguran ciertas ventajas individuales y materiales para subsistir; que por otro lado no son muy productivas en el plano de la amistad.

Tanto adelanto, nos ha ayudado a poner mucha distancia por medio entre nosotros. Se han conseguido logros tecnológicos impensables, muy ventajosos para la comodidad, la información y las relaciones virtuales. Basta con apretar un botón y la casa se pone a tus órdenes, a la vez que, pone en marcha todas las alarmas para que no te molesten propios y extraños. Basta con registrarse en cualesquiera de las distintas redes sociales, para satisfacer la curiosidad hacia la vida de los demás, eso sí, con la aceptación de ¿amistad? Esto nos ha convertido en muy selectivos por un lado, y poco rigurosos por otro.

Creo que la verdadera amistad se consigue con un trato directo y personal entre nosotros. No debemos contabilizar a los amigos o conocidos, con el número de personas que aparece en una fría y colorida lista que, acompañada de imágenes e historias con mucho glamur, pueden tener la apariencia de la efervescencia de una copa de champán, cuya espuma desaparece en segundos.

Los caminos para encontrar una verdadera amistad, deben compararse con la base y la estructura de un edificio construido cerca de zonas de bastante actividad sísmica. Esta construcción quedará sellada con la intervención directa de sus operarios y de los medios tecnológicos, pero con el vis a vis que se produjo durante el tiempo que duró la construcción.

Mayo 15, Albacete 2012

LA SENDA DEL CAMINO

La práctica del senderismo tiene más adeptos con el paso del tiempo. Son muchas las personas que deciden recorrer esos senderos soñados a lo largo de sus vidas, y que por cuestiones laborales o familiares no pudieron disfrutar. Ahora, al llegar el ocaso de las mismas, ávidamente, se disponen a aprovechar ese tiempo libre que ahora es más generoso. Muy bien uniformados, con sus botas, bastoncillos y ropa de montaña van en busca de algo de libertad. Cuerpo y alma agradecen esta decisión que, a corto plazo reporta resultados bastante beneficiosos.

Esta disciplina que nos obliga a estar activos, y a disfrutar de paisajes idílicos en compañía de personas cercanas en edad, situación personal y familiar, no es garantía para desconectar de manera absoluta con la sociedad en la que estamos inmersos.

Una vez relajados de la gran caminata placentera en el sillón de casa, y como autómatas, enchufamos la televisión. Es ahora cuando empieza de nuevo la otra parte de la realidad. Las noticias nos dosifican la ración de llantos y lágrimas, necesarias para no acostumbrarse a lo bueno: Los Reyes, no celebrarán las bodas de oro al estilo magnánimo de otros tiempos, por diversas razones coyunturales de austeridad. El gobierno, recomienda a las Cajas de Ahorros de tamaño medio que, deben buscar una buena empresa de cartonajes, para que les haga una grande donde quepan todas ellas. A los indignados del 15-M les han puesto las peras al cuarto, y eso de ocupar calles y plazas a su libre albedrío, en protesta por el descontrolado capitalismo imperante, ya no va a ser como antes. Las lágrimas en los equipos de fútbol y los aficionados, fluyen como torrentes de agua en un deshielo; unos lloran por bajar de división y otros por subir. En nuestro país la tasa de abandono escolar es el doble que en el resto de Europa. A ver si los recortes en Educación van a estar justificados, y a menor número de alumnos, menor presupuesto a aplicar. Mientras en Francia, los socialistas se hacen con el gobierno de la nación, en Alemania la señora Merkel empieza a sudar por Renania. El panorama europeo cambia de color político, pero no económico. Los rifirrafes PP - PSOE siguen como es habitual: Al señor Griñán, parapetado en su feudo sureño, le están preparando un traje de 6 millones de euros; presuntamente, se dice que fueron desviados a la empresa pública Invercaria (Inversión y

Gestión de Capital Riesgo de Andalucía), perteneciente a la Consejería de Economía, Innovación y Ciencia de la Junta de Andalucía. En Japón han inventado una cerveza infantil que está triunfando en las guarderías, se llama 'Kodomo biiru'. No lleva nada de alcohol, y está hecha a base de guaraná y otros ingredientes saludables. Eso sí, el envase y la etiqueta son idénticos a la cerveza tradicional. Como prospere en España, los cubos de botellines de cerveza se centuplicarán dentro de unos años en las terrazas de los bares.

Al siguiente día, el despertador sonó como todas las mañanas a la seis en punto. Oxigenarse por las sendas no es mala idea, sobre todo para ir soltando las inmundicias que nos agreden.

Mayo 15, Albacete 2012

CARROÑEROS

El problema se agrava cada vez más. Nos bombardean todos los días sin piedad: ¡se han alcanzado los 500 puntos…! La prima de riesgo está huérfana, y de su familia no se sabe nada. Lo que es evidente es que, delante de esta prima hay primos, y detrás hay prestamistas especuladores que se aprovechan de la orfandad de la susodicha.

Los mercados financieros son como buitres, revolotean en busca de apetecible carroña que, cuanto más hedor, más interés.

Como en la caza, los cepos y las trampas del estado, deberían ser delito. Así, los políticos carroñeros que vayan a la caza de votos, con la trampa y la mentira, que se les multe, y se les inhabilite para cazar de por vida.

Mayo 17, Albacete 2012

RECORTABLES

Los modelos del tipo occidental implantados en la sociedad en la que hoy nos relacionamos, han sido un estrepitoso fracaso. Parece ser que, los valores teóricos elegidos, en la práctica han dejado mucho que desear. El objetivo de esos valores, están más cerca de la manipulación selectiva de algunos caprichosos, que de los deseos del abnegado y obediente ciudadano 'ejemplar'.

Aquellas personas tan cabales, elegidas para administrar nuestro porvenir a base de confianza, se equivocaron de modelos y fórmulas.

Ahora ya no hay vuelta atrás. El miedo a los recortes ya ha pasado. Esta nueva teoría del recorte, puesta en práctica para solucionar los excesos anteriores, ya han sido bien comercializados por los equipos políticos instruidos.

Se acabó esa falsa etapa del estado del bienestar, en donde nos vendieron hipotecas bien cebadas, para poder comprar hasta lo más innecesario, ¡y a que precios!

Como niños, asumimos los recortes. Y como buenos alumnos de aquellos colegios de antaño, donde se repartían leche en polvo y queso, como apoyo alimentario a una pobre dieta hogareña, nos ponemos a trabajar: tijeras en mano, y con mucho cuidado vamos dándoles forma a los recortables que nos mandaba el profesor o la monja. Y así el que mejor lo haga, será la envidia de sus compañeros.

Los modelos de austeridad que se venden, me recuerdan cada día más a estereotipos poco convincentes.

Mayo 21, Albacete 2012

EMPIEZA LA FUNCIÓN

Por lo general, sin estar considerados (académicamente) como grandes artistas de teatro, llevamos implantada la capacidad para convertirnos en grandes actores. No siempre representamos obras en favor de nuestros convencimientos; lo importante es desarrollar el papel en favor de todo lo contrario: hacer creer lo que realmente no somos.

Hacemos un análisis de la agenda del día, y enseguida vamos en busca del personaje que hemos de representar en el escenario de la jornada. Además, también debemos tener habilidades de la puesta en escena, y para ello, elegiremos (además de otras artimañas) el vestuario adecuado, bien conjuntado en colores y composición de los tejidos. Muy importante es a su vez, la interlocución entre los actores que nos acompañarán en la obra a representar, para que todo parezca real.

Llegado el momento y sin un guión profesional, nuestro papel empieza a desarrollarse con una predisposición que, ya fuimos preparando la noche anterior, sin necesidad de asesores técnicos.

El éxito de la obra depende también del estado de ánimo, y como no, de la capacidad de abstracción que demuestres ante las encrucijadas que planteen los demás personajes.

Se levanta el telón y empieza la gran obra titulada: "El día a día en la sociedad actual", obra clásica donde las haya, de tiempos inmemoriales.

Acabada la obra y de vuelta a casa, iremos desenfundándonos de los incómodos ropajes usados para la representación. Analizaremos mentalmente nuestra actuación, e imaginaremos como serán las críticas opiniones de las personas que también participaron como público en la actividad correspondiente del personaje de aquel día.

No voy a ser yo, el que descubra ahora que, la vida es la obra de teatro más numerosa y trascendental del mundo. Lo que si les digo es, que muchos de los que actuamos, estamos convencidos de que los mayores mentirosos son los otros.

Mayo 23, Albacete 2012

EL ESPÍRITU DEL FÚTBOL

Propongo un nuevo partido político llamado:'Fútbol'

Ya me contarán, qué políticos son capaces de aglutinar en un solo espacio y como protagonistas, a dos clubes, en donde sus habitantes y aficionados se vanaglorian de ser radicalmente opuestos (según noticias circulantes) a la idiosincrasia española. Siendo capaces de dejar atrás todos estos convencimientos, en favor de ese deporte, llamado de igual manera en los tres idiomas. Así, vascos, catalanes y españoles (venidos de los confines de sus países) se juntarán en la capital de España para ver disputar la final de la Copa de S M el Rey. Pero claro, el Rey es de España… Las reivindicaciones nacionalistas quedan unidas durante unas horas bajo la figura de S M el Rey, gracias al fútbol. Pues aprovechemos el deporte como un recurso más, capaz de unir afinidades, y así, poder solventar problemas de identidad donde todo el mundo se entiende con un solo 'idioma', como es el del espíritu del fútbol.

Mayo 26, Albacete 2012

PODER VOLAR

Me pasé un buen rato viendo como las palomas aterrizaban en los bordes de la fuente para poder beber agua. La tarde invitaba a desconectar de los pensamientos más comunes, y así, dar rienda suelta a la imaginación observando su vuelo. Pude observar por unos momentos, esa capacidad de maniobra y coordinación que maneja con soltura este plumífero. Aprecié la simbiosis existente entre un esqueleto volátil que, junto con el aire y unas ligeras plumas en las extremidades, consiguen (como el más avanzado avión de combate) variar el rumbo en décimas de segundo, permitiéndole alcanzar su objetivo, en este caso: saciar la sed.

Mientras contemplaba esos acercamientos a la fuente, y viendo el éxito de la operación, sentí envidia de no poder levantar el vuelo, y de esta manera, volar sin rumbo preestablecido hasta alcanzar cualquier remanso de agua donde calmar la sed, y poder poner en práctica ese aterrizaje aéreo técnicamente perfecto.

Mayo 27, Albacete 2012

EL SABER NO OCUPA LUGAR

En el mundo de los estudiantes universitarios se acercan fechas de importantes retos: los exámenes. Las tazas de café se multiplican. Se suprimen las noches, a cambio de acolchar bien el colchón cerebral. La cerveza se sustituye por un buen reconstituyente. Con los amigos, si acaso, algún comentario banal por las redes, que no les comprometa. Es el último tramo, el último esfuerzo para superar ese proyecto tan importante con ellos mismos y con la sociedad actual.

Os animo a superar ese gran esfuerzo, y desde aquí, reivindico un gran respeto por los jóvenes comprometidos por el saber, que aunque no ocupe lugar, ellos si lo emplearán para encontrar caminos donde se vean ocupados.

¡Ánimo, y mucha suerte a todos!

Mayo 28, Albacete 2012

'A BUENAS HORAS, MANGAS VERDES'

El *affaire* de Bankia ha destapado la caja de los truenos. Negros nubarrones, acompañados de relámpagos y granizo, han afectado de manera evidente a las 'cosechas' de nuestra comunidad europea, por cierto, diseñada con un trasfondo bastante tecnocrático, donde ese alarde de bien común, deja bastante que desear.

Ahora viene el turno de las comisiones de investigación. No crean que estas investigaciones vendrán cargadas de una capacidad intelectiva brillante, ¡qué va! En nuestro país, los estilos 'policiales' aplicados por las comisiones, son del estilo del pragmático Manuel González, alias Plinio, detective manchego de Tomelloso, según narraciones (en relatos y novelas) del escritor Francisco García Pavón.

Investigar la sed de venganza que emana del pueblo, con el tú a tú de las peripecias de los directivos de las Cajas de Ahorro, no va a ser nada fácil para su investigación. Por citar algún eximente posible, en la CAM (investigada en los juzgados de Valencia), algún directivo que otro (según declaraciones) fueron nombrados sin tener ni pajolera idea de temas financieros, contables o económicos. La normativa no los requería; simplemente siendo impositor de la entidad, y en representación de los mismos, ya era suficiente. Incomprensible.

Si se aprueba la comisión de investigación (arma de doble filo para el gobierno actual), prepárense a presenciar el desfile de mentiras y artimañas que tendremos que escuchar de los directivos blindados.

Las mentiras tienen las patitas muy cortas, y en Europa no se fían de los españolitos mentirosos. Por eso, nos envían auditores para que investiguen, en qué partidas se han escondido esos miles de millones que se entregaron para dar liquidez a sus entidades financieras.

Una vez bien administrados esos miles de millones de euros a su libre albedrío, vienen las comisiones de investigación. A buenas horas, mangas verdes.

Mayo 31, Albacete 2012

MONEDA COMÚN

Trasladémonos por unos momentos al futuro. Las comunidades autónomas más avanzadas que formaban parte de aquel país llamado España, ya son países totalmente independientes.

El resto de comunidades más pobres, decidieron unirse con el nombre de: Resto de España. De esta manera, trataron de resurgir de las cenizas. Al contrario de lo que parecía, este nuevo país, comenzó a trabajar en los sectores económicos (como es obvio) menos favorecidos: agricultura, ganadería, artesanía, el comercio local... Sus exportaciones fueron progresando de tal manera que, tanto su balanza de pagos y su PIB alcanzaron cotas extraordinarias. Los habitantes del nuevo país comprendieron que, para solucionar grandes problemas, solamente existe una filosofía: el nivel del problema debe afectar a todos por igual.

El euro, aquella moneda que la Unión Europea había creado para hacer frente al dólar, ya no existía. Todos sus componentes volvieron a sus viejas monedas.

Resto de España creó su nueva moneda, a la cual llamó: Surco. Moneda que pasó a ser una de las más envidiadas en los mercados financieros y bursátiles.

Según la experiencia con el euro, la unificación de monedas en una sola, es como cambiar la identidad en la historia de una etnia y aplicar una estándar para todos.

Una moneda es el reflejo del esfuerzo físico e intelectual de un país. Así que, cuando los reflejos fallan, y el intelecto no es hábil, la moneda pide clemencia.

Junio 5, Albacete 2012

BUEN MARIDAJE

De norte a sur, de este a oeste, ¡qué más da! En habiendo buena disposición entre: el subsuelo, el clima, las raíces, las cepas y el buen hacer de las personas involucradas en este proceso, el milagro llega a producirse.

Adorables raíces, huéspedes de las profundidades de la tierra. Incansables buscadoras de los nutrientes autóctonos y adecuados con los que alimentar a sus cepas. Arquitectas de unas uvas exquisitas; que bañadas al sol, y aliviadas por las lluvias refrescantes de la primavera, son capaces de crear la materia prima necesaria, para que el hombre, en un alarde de imaginación, sea capaz de elaborar esos maravillosos 'caldos'. Algunos de ellos se convierten en poesía para los sentidos, produciéndose el maridaje perfecto, diseñado para el disfrute de los sabores. Los dioses del Olimpo también hablan de ellos en sus oráculos.

Esta medio adivinanza, que ya ha sido descubierta en su narración, se convierte en un canto (sobre todo) a los vinos producidos en nuestra diversa geografía española. Que por cierto, visten con una elegancia inusitada, convirtiéndose en embajadores de nuestras regiones, y dando buena cuenta de la calidad de nuestras tierras y nuestras gentes, origen de su alumbramiento.

Llevándose bien con ellos, han conseguido ser grandes compañeros de aventuras entre poetas, pintores, escritores etcétera; e incluso han hecho hablar a aquellos que deberían haber sido comedidos en sus declaraciones, destapando de esta manera, aquellas ideas o sentimientos guardados bajo llave por los designios de la educación.

Junio 7, Albacete 2012

OBEDIENCIA EN EL CARGO

Realmente, es una vergüenza que la economía española sea intervenida (directa o indirectamente), por no haber alcanzado los niveles de confianza exigidos en los protocolos al uso. La desconfianza también es moneda de cambio.

Esta lección nos viene al pelo, para seguir pensando en la máxima de aquel gitano que decía: "mira, a mí no me deis 'ná', sí´pue´ ser, dejarme donde 'aiga'". En habiendo recursos, hay esperanza de poder administrarlos. Eso sí, para todos mis compañeros, pero para mí el primero. Lo malo es que, ya no hay recursos propios, y los que han estado llegando de nuestros socios europeos, ya no se adjudicarán con la alegría de las primeras confianzas. Todo cambia. Ahora se necesitan a personas obedientes, que se dediquen a cumplir órdenes y se dejen al margen las grandilocuencias económico-financieras.

El gobierno ha nombrado nuevo director del Banco de España a Luis María Linde de Castro. Sustituye en el cargo a MAFO, seudónimo atribuido a las iniciales entre el nombre y apellidos del señor Fernández Ordóñez; por cierto, muy usado últimamente en las alusiones vinculantes en relación con algunas turbias decisiones tomadas en los delicados momentos del derrumbe financiero.

El señor Linde dista tres años de su jubilación; si es obediente con los deberes que nos imponga la Unión Europea, podrá retirarse con estos cumplidos, si no su carrera final se verá algo inacabada. Aunque realmente, y debido a su jubilación, el mandato del Banco de España lo tendrá que retomar otra persona ¿Jugada de estrategia?

En este país, desconfiamos públicamente con los designios de las donaciones que se hacen a organizaciones no gubernamentales 'ONG,s'. Pues a callar tocan, no vaya a ser que seamos intervenidos por activa y por pasiva, dados los destinos de otras subvenciones si gubernamentales.

Junio 8, Albacete 2012

UN RESCATE PELIGROSO

Si se aplicaran equitativamente las actuaciones en las fases de cualquier tipo de rescate, el éxito por parte de rescatadores y rescatados sería integral. La operación terminaría exitosamente, con los deberes cumplidos y los protocolos aprendidos para próximas aplicaciones. Pero esto no es así. Cuando la economía de un estado hace aguas, lo primero que se intenta taponar, son los conductos por donde fluye el dinero con facilidad. No quiere decir esto que sean los flujos acertados, pues en la ciencia de la economía, pueden variar. Acertar con las fórmulas económicas del momento coyuntural es lo difícil, pero por economistas no ha de ser.

El rescate de hasta 100.000 millones de euros, que irán a parar otra vez a las entidades financieras, deja mucho que desear para el ciudadano normal; que se sabe como último recurso (cual granito de arena), para hacer frente a este descomunal préstamo. Sabiendo que, si no se pudiera devolver en la cantidad y plazo acordado por quien lo recibe, el Estado español, se convierte de manera contractual en el último garante del mismo.

La falta de liquidez de los bancos y cajas, viene dada por la financiación de miles de viviendas, embargadas en su momento a constructores y promotores que no pudieron culminar su venta. Las operaciones más urgentes de estas entidades financieras son la venta de su inmovilizado, y de esta manera, afrontar los pagos de las cantidades que soliciten prestadas a las instancias europeas.

Habrá que cuidar cómo revierten estos créditos, no vayan a provocar una nueva burbuja inmobiliaria, y volvamos a las andadas, al conceder aportaciones de capital a empresas con una usura desmedida ya contrastada anteriormente.

Sin andar con muchos rodeos, con esta actuación, los españoles somos más pobres, y además hipotecados hasta no se sabe qué generación.

Junio 11, Albacete 2012

SUDOKU

Es al suizo Leonhard Euler (1707-1783), matemático y físico, al que se le atribuye este invento finalmente llamado *Sudoku,* y que nos describe un sistema de probabilidades para representar una serie de números sin repetir. Pronto pasó al olvido después de ser publicado.

En el año 1984 un periódico japonés publicaba una sección con un pasatiempo que fue olvidado cientos de años atrás. El nombre es japonés *Sūdoku,* y su traducción es: (sū = número, doku = solo)

Este sistema, permite poner a prueba nuestro sentido de la lógica. Al principio puede parecer algo distante a nuestras capacidades matemáticas, pero metiéndonos en materia, puede despertar el letargo de nuestros sentidos y engancharnos, como podría ser, estar prisionero y atado a cualquier argolla carcelaria. Para los que no lo conocen, este juego está diseñado a modo de tablero de 9 x 9 celdas (81 casillas) dividida en subcuadriculas de 3 x 3 (también llamadas 'cajas' o 'regiones') El diseño descrito anteriormente, queda alojado en un único cuadrado rectángulo desde el cual ya se puede iniciar el juego.

Puede parecer un juego matemático, pero su objetivo es otro. Se trata (como cualquier juego estratégico) de buscar acciones capaces de colocar los números del 1 al 9 que faltan en las nueve casillas del subgrupo del tablero. El nivel de dificultad viene dado por la argumentación predispuesta por los ordenadores que los diseñan.

Una vez enfrentados al reto, el tiempo utilizado para resolverlo, puede convertirse en un problema más a tener en cuenta. Al principio y según el nivel de dificultad, el reloj quedará dormido y las horas pasarán sin saber de ellas, por lo que, esos tiempos muertos que dedicamos al juego, se pueden convertir en tiempos más que vivos.

Los psicólogos apuestan por los beneficios de este juego, y lo ven como un apoyo al bienestar de nuestras neuronas.

Junio 12, Albacete 2012

SE HACE CAMINO AL ANDAR...

Debilitadas las bases más elementales del progreso social: educación, sanidad, investigación y trabajo; la jugada final era aumentar el endeudamiento de las clases medias y bajas, con lo cual: prueba superada. De esta manera, se habrá conseguido la evolución de los 'todopoderosos' diseñadores del mundo, en favor de la involución de los más pobres.

¿Serán capaces las mareas revolucionarias de enfrentarse a los gobiernos ineficientes y autoritarios? O quizá la palabra revolución, suena a la lucha de clases sucedidas en tiempos remotos.

Todo se andará. No hay que perder la esperanza.

Junio 12, Albacete 2012

TECNOLOGÍA NATURAL

Una de las alarmas que nos avisa de que el tiempo no pasa en balde, suena en nuestra memoria a base de recuerdos. Esta información, con el paso de la vida, empieza a desbordarse en el recipiente de nuestra memoria. De ahí, y de manera sorprendente, acuden indiscriminadamente a nuestra consciencia casi a diario. Es hora de hacer recuento, y de dejar espacio libre en esa zona cerebral, prescindiendo de aquella información que, fue considerada valiosa para alcanzar la madurez, y que ahora no nos es necesaria. A partir de ciertas edades, se vive más de los recuerdos que de la realidad. Serán las rutas preestablecidas, instaladas en nuestra inconsciencia al nacer, y que con el paso de los años llegamos a descubrir de manera natural, como el que descubre parte de esa verdad; ansiada cada vez más por el ser humano.

Todos los inventos tecnológicos de vanguardia, que hoy nos abruman, ya iban incluidos en nuestro equipo de supervivencia mental al nacer. Ellos solos se activan cuando el reloj biológico lo requiere, de una manera sutil y casi inconsciente ¡Qué maravilla!

Junio 19, Albacete 2012

'LO BIEN HECHO, HECHO ESTÁ'

Comparar a la Selección Española de Fútbol, de la misma manera que suena una gran orquesta de música, es tan afinado, como la descripción de su atribución. Trapattoni, seleccionador de la República de Irlanda, así lo relataba por teléfono en unas imágenes puestas por televisión, aludiendo a la intervención de nuestra selección en la Eurocopa.

Nuestros sentidos filtran la calidad de la información a través de un complejo sistema de almacenamiento, casi imperceptible en el momento de su recepción. Cuanto más elaborados y afinados sean enviados, mejores 'notas' captaremos y archivaremos. Todo esfuerzo y disciplina, canalizados de manera organizada, es garantía suficiente para alcanzar cotas sublimes en nuestros sentidos.

Miles de gracias a todas aquellas personas que, con su aptitud, disciplina y buen hacer, consiguen deleitar a los sentidos, con acciones genuinamente humanas. Bueno, para muchos de nosotros un poco más allá.

Junio 19, Albacete 2012

LA PALABRA

Con su invención, ya se pensó en la elasticidad de sus aplicaciones. Es tan moldeable como cualquier material descubierto o por descubrir. Imaginándola como un tubo de pintura al óleo, podemos dar pinceladas tan precisas como cualesquiera de las pinturas de nuestros admirados maestros. Qué podríamos decir, si la aplicáramos como un afinado cincel en un espectacular trozo de mármol de Carrara; trabajándola con dedicación exclusiva, podría igualar a cualquier gran escultura de Miguel Ángel, sin duda. Sí quisiéramos utilizarla en la construcción, no hay duda: sería el más noble de los materiales; siguiendo las directrices del mejor de los ingenieros de la época, obtendríamos la mejor de las catedrales o palacios jamás construidos. Usándola como un afinado Stradivarius, sus notas se podrían comparar con la idílica música celestial.

Descubrir cómo dar forma a la palabra, es como descubrir el acceso al camino de la libertad; muy cercano al de la felicidad. Ante ti me descubro, agradeciéndote la incomparable sensación de pureza que me has permitido experimentar, al intentar moldearte (ilusamente) cual soñado y aventajado maestro.

Junio 19, Albacete 2012

FOTOS

Esa mirada limpia, profunda, inteligente, decidida, capaz de enseñar el alma de par en par, me animó a seguir ojeando las fotos que todos guardamos en el baúl de los recuerdos.

Las encuentras escondidas en una cajita, olvidadas en el último rincón del armario. Bien empaquetadas, y ordenadas por los viajes que, llenos de fortaleza e ilusiones, realizábamos cuando llegaban las vacaciones de verano. Notas, como el contenido de esas cartulinas, se estremecen de gusto al notar el calorcito de las manos que las crearon, y que ellas han sido capaces de guardar celosamente hasta este momento esperado. Han conseguido devolvernos por unos instantes, sin rencor por el olvido, y de una manera altruista, la frescura de esos momentos maravillosos, cuando la piel estaba más tersa, y la mirada más pura.

Recordemos que, la fotografía fue capaz de hacerse un hueco en el mundo del arte cuando el impresionismo lideraba la bandera vanguardista de la pintura.

Junio 20, Albacete 2012

EL DINERO ¿NUEVOS PILARES?

El dinero dónde mejor está, es enterrado. Si, en las entrañas de la tierra, cerca del núcleo incandescente que arde a millones de grados en el centro del planeta. Ya sabemos que, los componentes que forman ese núcleo, al ser expulsados a la superficie, son capaces de engullir sin piedad a todo bicho viviente; de igual manera que lo puede hacer la adicción al vil metal. Es más, el dinero puede provocar incluso, mayores desgracias que el magma despiadado expulsado por los volcanes; que formando ríos de lava, no tienen piedad en llevarse por delante cualquiera de las vidas que se les interponga. La falta de dinero no acaba con ella tan de repente, pero te hará sufrir en el tiempo hasta llevársela, acompañada de sus amigos: el dolor y la indigencia.

No tener dinero se convierte en una pandemia que nadie quiere investigar, y que por contagiosa, todo el mundo la evita. Su falta, te convierte en un apestado más, censado en el club de los fracasados, no alcanzando por ello la 'dignidad' suficiente para ser considerado (empleando términos bursátiles) un activo interesante.

Mientras que los pilares de la absurda sociedad donde nos ha tocado vivir, estén fraguados a base de dinero, todo girará en torno a esos odiosos esquemas materialistas. Por ello, la usura y la avaricia, hace que las personas adoren sin límites al dios dinero, convirtiéndolas enególatras. Por eso, el dinero debería morar en las profundidades de la tierra, y no dejarlo subir a los cielos.

Junio 5, Albacete 2012

ARREPENTIMIENTO

Las barreras mentales que interponemos en favor de lo que pueda pensar el otro, vienen a ser como muros impenetrables, colocados inconscientemente por necesidades sociales, dificultando así la debida fluidez que nos aportaría una vida mental saludable. 'Qué pensarán los demás', se convierte en el muro de las lamentaciones en aquellas personas que, por la edad, comienzan a hacer balance de sus vidas, arrepintiéndose de no haber disfrutado de lo que realmente hubieran querido hacer. Cuánto tiempo perdido, utilizado en pensar por los demás. Cuánta energía desperdiciada por la ignorancia de lo intrascendente. Debe llegar el ocaso en nuestras vidas, para que, desde una posición energética en declive, seamos capaces de valorar el mal uso que hicimos de esa fuente potencial, utilizada en cuestiones de poco calado mental.

Si hubiéramos aprovechado el torrente de energía que se nos facilitó, sin esas trabas mentales de por medio, podríamos haber escalado (sin tanta dificultad) mayores cimas en nuestra orografía cognitiva. Alcanzar altas cotas con menor esfuerzo, hubiera sido la forma ideal de administrar nuestra mal utilizada capacidad mental. Llegado el ocaso de nuestras vidas, los arrepentimientos serían menos y más livianos.

Junio 26, Albacete 2012

BIOGRAFÍA

Jesús Sánchez-Ajofrín Reverte (junio 1954) vino a parar al mundo en Albacete (España), provincia situada en la comunidad regional de Castilla-La Mancha. Tierras llanas y de buenas gentes. Más cerca del cielo que otras, por su elevado enclave en la meseta castellana. Lugar de inspiración de grandes maestros de la literatura. Ya se encargó Miguel de Cervantes de dar a conocer la región por todo el mundo, con su ingeniosa novela de caballería: "Don Quijote de La Mancha". Me quedaré con una de sus frases: "El año que es abundante en poesía, suele serlo de hambre".

Nací, me crie y vivo en Albacete, hasta hoy. La situación política, económica y social del país por aquel entonces, estaba marcada por las consecuencias de la guerra civil, principal desgracia en la ruptura física y moral de infinidad de familias, y por lo tanto de su estructura social. En comparación con los demás países europeos, España no podía ofrecer grandes retos para la formación académica y la cultura en general.

Estudié el bachiller hasta los quince años. Con esa misma edad, comencé a trabajar en tareas administrativas por distintas empresas de la ciudad. Al llegar los tiempos de la informática en las empresas, esta fue mi última especialidad.

Mi mujer, mis tres hijos y yo, agradecemos a la vida, la oportunidad que nos ha concedido, al habernos conocido y amado.

Es obvia la situación por la que atraviesa mi país. Actualmente, no todos los miembros de las familias pueden trabajar, por lo que, estos momentos de crisis son portadores de mucho desempleo. No estar activo en la maquinaría de la economía, te ofrece otros ocultos beneficios que, nunca hubiéramos conocido en situaciones más boyantes.

Escribir fue el mejor bálsamo que encontré para mis heridas. Por eso, y en agradecimiento a la palabra escrita, la comparto con vosotros, por si podéis aprovechar sus beneficios.

El Autor